Entscheidungstheorie in der Führung

Frank Lattuch

Entscheidungs-
theorie in der
Führung

Konzepte zur Steuerung
betrieblicher Komplexität

 Springer Gabler

Frank Lattuch
FH Münster University of Applied Sciences
Münster, Deutschland

ISBN 978-3-658-47263-4   ISBN 978-3-658-47264-1 (eBook)
https://doi.org/10.1007/978-3-658-47264-1

Die Deutsche Nationalbibliothek verzeichnet diese Publikation in der Deutschen Nationalbibliografie; detaillierte bibliografische Daten sind im Internet über https://portal.dnb.de abrufbar.

Planung/Lektorat: Ann-Kristin Wiegmann
Springer Gabler ist ein Imprint der eingetragenen Gesellschaft Springer Fachmedien Wiesbaden GmbH und ist ein Teil von Springer Nature.
Die Anschrift der Gesellschaft ist: Abraham-Lincoln-Str. 46, 65189 Wiesbaden, Germany

Wenn Sie dieses Produkt entsorgen, geben Sie das Papier bitte zum Recycling.

Vorwort

Wir alle treffen Entscheidungen. In unserem Berufsalltag und auch im Privatleben. Über einige Entscheidungen machen wir uns hierbei weniger Gedanken, über andere mehr. Die Entscheidung, ob man früher in den Feierabend geht, benötigt vielleicht nicht so viel Aufmerksamkeit wie die Entscheidung, ob man einen Standort reorganisieren oder schließen sollte. Gleichzeitig haben wir alle auch schon KollegInnen und Vorgesetzte erlebt, die sich mit Entscheidungen schwertun – und daher *nichts* entscheiden, Entscheidungen *aufschieben* oder *impulsiv* nach Tagesform entscheiden. Wir sind uns bestimmt einig darin, dass alle drei Varianten unbefriedigend sind. Auf der anderen Seite kennen wir auch die Zögerer, die eine Entscheidung zwar treffen wollen, aber immer wieder weitere Informationen hinzuziehen, um die *bestmögliche* Entscheidung zu treffen. Ein Team und ganze Abteilungen können hierdurch Traktion verlieren. Gleichzeitig hält sich in der öffentlichen Diskussion die Auffassung: Es ist besser zu entscheiden, als nicht zu entscheiden. Aber wie entscheiden wir nun besser? Und wie haben unsere Entscheidungen mehr Gewicht und Einfluss in der betrieblichen Praxis?

In Organisationen entscheidet jeder – ob nun zu individuellen oder kollektiven Problemen. Der Weg ist grundsätzlich immer ähnlich: Es liegt ein Problem vor, man entwickelt mehrere Ideen, wägt diese ab, entscheidet sich und überzeugt dann das Umfeld von seiner Entscheidung.

Somit kann jedes Organisationsmitglied Einfluss nehmen – ob nun bei den eigenen individuellen oder umfassenderen kollektiven Entscheidungen. Dass nun gute Entscheidungen getroffen werden und die Umsetzung in der Gemengelage des komplexen Alltags nicht untergeht, liegt an uns selbst. Als Führungskraft sollte unser Anspruch deshalb darin liegen, die Entscheidungskompetenz in unseren Teams zu erhöhen. Eine *entscheidungsorientierte Führung* kann hierfür der Beginn sein.

Das vorliegende Buch soll wissenschaftlich fundierte praktische Erkenntnisse vermitteln, die den Weg zu einer entscheidungsorientierten Führung ebnen. Die vorgestellten Konzepte sind auf Führungskräfte, Teamleiter und Personalverantwortliche zugeschnitten. Das Buch richtet sich somit an ein breites Publikum, darunter Führungskräfte, die die Zusammenarbeit in Entscheidungsprozessen stärken möchten, Teamleiter, die aktiv an kollektiven Entscheidungen teilnehmen und Personalverantwortliche, die entscheidungsorientierte Teams gezielt schulen wollen. Für Studierende verschiedener wirtschaftswissenschaftlicher, ingenieurswissenschaftlicher oder psychologischer Fachrichtungen mit dem Interessensschwerpunkt Organisation und Führung hilft das Buch ein besseres Verständnis zu Entscheidungsfindungsprozessen zu erhalten.

Münster, Deutschland   Frank Lattuch

Inhaltsverzeichnis

Entscheidungstheorie & Führung: Entscheidungen verstehen

Zusammenfassung „Es gibt nichts Praktischeres als eine gute Theorie"
(Kurt Lewin). Theorien vereinfachen die komplexe Realität und bieten
Führungskräften dadurch wertvolle Orientierung für ihr praktisches
Handeln. Führungskräfte stehen oft vor der Herausforderung, komplexe
Entscheidungen zu treffen, die sowohl auf Daten als auch auf menschlichen Werten basieren. Die Verhaltensökonomie bietet dabei wichtige
Indizien, wie Entscheidungen unter Unsicherheit nicht nur durch rationale Überlegungen, sondern auch durch (kognitive) Verzerrungen und
organisatorische Strukturen beeinflusst werden. Führungsstile, das Konzept der „Bounded Rationality" und Heuristiken zeigen hierbei, dass
Entscheidungen in der Praxis oft nicht vollständig rational, sondern prag-
matisch getroffen werden. Gerade wegen ihrer Relevanz werden in diesem Zusammenhang kollektive Entscheidungen besonders betrachtet.
Vor dem Hintergrund dieses vielschichtigen Umfelds müssen Führungskräfte daher nicht nur analytische Fähigkeiten besitzen, sondern auch soziale Kompetenzen und ein Gespür für Gruppendynamik haben. Er-
gänzend wird in diesem Kapitel dargestellt, wie Komplexität reduziert
werden kann und wie Szenarioanalysen helfen können, Unsicherheiten
in kollektiven Entscheidungen besser zu steuern.

© Der/die Autor(en), exklusiv lizenziert an Springer Fachmedien Wiesbaden GmbH,
ein Teil von Springer Nature 2025
F. Lattuch, *Entscheidungstheorie in der Führung*,
https://doi.org/10.1007/978-3-658-47264-1_1

1   Entscheidungsfindung und die Rolle der Führungskraft

Führungskräfte leisten einen wichtigen Beitrag in unternehmerischen Entscheidungen. Gebe ich Budget für die Sanierung eines Unternehmensteils frei? Oder finanziere ich damit besser die Neuproduktentwicklung in einer anderen Division? Oder sollten doch die Löhne angehoben werden? Was denken die Gesellschafter? Welche Entscheidung ist die richtige aus Sicht meiner Brötchengeber? An diesen Beispielen sehen wir, dass Führungskräfte Entscheidungen treffen müssen, die oft weitreichende Konsequenzen für das Unternehmen und seine Stakeholder haben. Diese Entscheidungen erfolgen meist in komplexen und dynamischen Umgebungen, in denen Unsicherheiten, Zeitdruck und Unternehmenspolitik mit konkurrierenden Zielen eine Rolle spielen. Und bei all diesen Entscheidungen wissen die Entscheider: Eine Entscheidung *für* ist auch immer eine Entscheidung *gegen* etwas.

Grundsätzliche Überlegungen zu betrieblichen Entscheidungen

Macht man es sich einfach, könnte man sagen: Wenn ich alle notwendigen Informationen für meine Entscheidung zur Verfügung habe, treffe ich sehr wahrscheinlich auch die Richtige. Unterstellt man nun, dass immer mehr Informationen und Daten in Unternehmen zu Verfügung stehen, sollte dies zu immer besseren Entscheidungen von Führungskräften führen. Yuval Noah Hararis (2017) *Homo Deus* hat diesen Gedanken verfolgt und betont, dass Daten und Algorithmen in modernen Entscheidungsprozessen eine zentrale Rolle einnehmen werden. Natürlich wissen wir, dass viele Informationen nur eine Scheinobjektivität darstellen. So unterliegen Informationen zur Zukunft beispielsweise Prognosen und anderen Quellen der Unsicherheit. Harari (2017) ist daher überzeugt davon, dass Entscheidungen nicht nur datengetrieben, sondern auch wertebasiert getroffen werden sollten. Werte, die Aspekte des Humanismus miteinbeziehen, können gezielt eine rein datengetriebene

Schwäche von betrieblichen Entscheidungen abfedern: den Faktor „Mensch". Neben zahlreichen anderen Autoren beschrieben Lattuch und Young (2011), dass der *human factor* ein wichtiger Grund ist, warum Unternehmensveränderungen als Konsequenz von betrieblichen Entscheidungen häufig scheitern. Insbesondere große Entscheidungen führen zu psychologischer Unsicherheit und Widerständen, die eine Veränderungsumsetzung gefährden. Als Führungskraft benötigen wir also beides: ein solides Datengerüst und Werte, die den Menschen nicht aus dem Fokus verlieren.

Nach Joseph und Gaba (2020) sind Führungskräfte grundsätzlich verantwortlich für die Steuerung und Kontrolle von Organisationen oder Organisationseinheiten. Ihre Aufgabe ist es, strategische und operative Entscheidungen zu treffen, die die Organisation zielorientiert weiterentwickelt. Jede Führungskraft weiß, dass sie dabei eine Vielzahl von Faktoren berücksichtigen muss: interne Dynamiken, externe Marktbedingungen, technologische Entwicklungen, rechtliche Rahmenbedingungen und die Bedürfnisse und Erwartungen der Stakeholder. Die Qualität der getroffenen Entscheidungen hängt daher nicht nur von den individuellen Fähigkeiten der Führungskraft ab, sondern auch von den Strukturen und Prozessen, die im Unternehmen vorherrschen.

Welche Theorien beeinflussen unser Entscheidungsverständnis?

Die Entscheidungstheorie ist ein interdisziplinäres Feld, das von verschiedenen Strömungen beeinflusst wurde. Die **Verhaltensökonomik** bietet hierbei einen vielversprechenden Rahmen, in dem viele Theorieansätze systematisch und disziplinübergreifend zusammengeführt werden. Dies schließt psychologische Faktoren und kognitive Verzerrungen mit ein, die die Entscheidungsfindung beeinflussen. In der Praxis hat sie das traditionelle Modell des rationalen Entscheiders erweitert und gezeigt, dass Entscheidungen oft durch Heuristiken und systematische Verzerrungen geprägt sind. Wichtige Impulse hierfür lieferten die folgenden Theorieansätze.

Verhaltensökonomie

Ein interdisziplinäres Feld, das psychologische Faktoren und soziale Einflüsse in wirtschaftliche Entscheidungen integriert. Sie hinterfragt die Annahme des rationalen Homo oeconomicus und analysiert, wie kognitive Verzerrungen, Emotionen und soziale Normen das Verhalten von Individuen und Gruppen in wirtschaftlichen Kontexten beeinflussen.

- **Prospekttheorie.** Dieser Ansatz beschreibt, wie Menschen Entscheidungen unter Unsicherheit treffen, insbesondere wie sie Verluste und Gewinne unterschiedlich bewerten. Für die Praxis hat sie das Verständnis der Verlustaversion und der Risikobereitschaft in der Entscheidungsfindung revolutioniert. Wichtige Vertreter sind Daniel Kahnemann und Amos Tversky (1979).
- **Wahrscheinlichkeitstheorie.** Dieser Ansatz beschäftigt sich mit der Analyse von Zufallsereignissen und Ungewissheit. Sie bildet die Grundlage für viele Modelle der Entscheidungstheorie, insbesondere für solche, die sich mit Entscheidungen unter Unsicherheit befassen. In der Praxis verwenden Entscheider Wahrscheinlichkeiten, um Risiken zu bewerten und um erwartete Nutzen zu beurteilen. Wichtige Vertreter sind Pierre-Simon Laplace (1820) und Andrey Kolmogorov (1956).
- **Nutzentheorie.** Dieser Ansatz besagt, dass Menschen Entscheidungen treffen, indem sie den erwarteten Nutzen maximieren. In der Praxis hat dieser Ansatz die Art und Weise geprägt, wie Ökonomen Entscheidungen modellieren, insbesondere wenn es darum geht, Präferenzen und Trade-offs zu verstehen. Wichtige Vertreter sind John von Neumann und Oskar Morgenstern (1947) sowie Leonard J. Savage (1954).
- **Spieltheorie.** Dieser Ansatz analysiert strategische Interaktionen zwischen rationalen Akteuren, die ihre Entscheidungen in Abhängigkeit von den Entscheidungen anderer treffen. In der Praxis ist sie besonders einflussreich für die Analyse von Wettbewerbs- und Kooperationssituationen. Wichtige Vertreter sind u. a. John Nash (1950) und Robert Aumann (1976).

- **Systemtheorie.** Dieser Ansatz analysiert komplexe Systeme und die Interdependenzen ihrer Bestandteile. In der Entscheidungstheorie hilft sie, die Wechselwirkungen zwischen verschiedenen Entscheidungsfaktoren zu verstehen. Für die Praxis hat sie das Verständnis dafür gefördert, wie Entscheidungen in dynamischen und komplexen Umgebungen getroffen werden. Wichtige Vertreter sind Ludwig von Bertalanffy (1972) und Niklas Luhmann (1984) (Abb. 1).

Diese Theorien haben die Entscheidungstheorie stark geprägt und bieten verschiedene Perspektiven auf die Analyse und das Verständnis von Entscheidungsprozessen. Welchen Einfluss sie auf die Entscheidungsfindung und Rolle der Führungskraft im Alltagsgeschäft haben, wird im Folgenden dargestellt.

Abb. 1 Theorieansätze in der Verhaltensökonomik

Ein Team entscheidungsorientiert führen

Das Thema Führung ist nicht neu. Und wir wissen alle wie wichtig es ist eine Führungskraft zu haben, die bereit ist Entscheidungen zu treffen – gerade in immer komplexer werdenden Aufgaben. Gehen wir eine Ebene tiefer wissen wir auch, dass die Art und Weise, *wie* eine Führungskraft Entscheidungen steuert, als dessen Führungsstil bezeichnet wird. Von Autoren wie Tannenbaum und Schmidt (1973) oder Vroom und Yetton (1973) sind bereits vor vielen Jahren hierzu Konzepte für Führungsstile etabliert worden. Die Ironie hieran ist, dass bei dem Umgang mit komplexen Problemen die Wahl des Führungsstils und der Führung per se auch ein komplexes Entscheidungsproblem darstellt. Dies liegt an den unterschiedlichen organisatorischen Strukturen, den Aufgabeninhalten der Führungskraft und den Unterschiedlichkeiten von Teams, deren Zusammenstellung und Ansprüchen.

> **Führungsstil**
>
> Die Art und Weise, wie Führungskräfte ihre Mitarbeiter anleiten, motivieren und Entscheidungen treffen. Er umfasst Ansätze wie autoritär, kooperativ oder laissez-faire und beeinflusst die Teamdynamik, Kommunikation und Leistungsbereitschaft. Ein zielgerichteter Führungsstil fördert die Zusammenarbeit, schafft Vertrauen und erhöht die Teamleistung. Die Wahl des Führungsstils ist unter anderem durch die Persönlichkeit und dem Menschenbild der Führungskraft, dem Reifegrad der MitarbeiterInnen und der Aufgabe im Unternehmenskontext beeinflusst.

In der Managementliteratur werden Unternehmen gern als hierarchische Systeme beschrieben. Mit dieser Formulierung wird man den verschiedenen organisatorischen Strukturen wahrscheinlich am ehesten gerecht. Um nun die Entscheidungen der Personen in *diesen* Systemen (Entscheidungsträgern) unterscheiden zu können, wird grundsätzlich zwischen Objekt-, Organisations- und Kommunikationsentscheidungen differenziert. **Objektentscheidungen** betreffen hierbei alle Entscheidungen, die von einer Einzelperson getroffen werden

können, wie z. B. die Beschaffungsform von Rohstoffen, die Preis-
gestaltung der eigenen Produkte, oder die Vertriebswege für die unterschiedlichen Kundengruppen. **Organisationsentscheidungen** hingegen dienen dazu, die getroffenen Objektentscheidungen umzusetzen
und das Verhalten nachgeordneter Teams und Mitarbeiter zu steuern.
Kommunikationsentscheidungen beziehen sich darauf, welche Informationen an Vorgesetzte, Führungskräfte oder andere Organisationsmitglieder weitergegeben werden sollen. Wichtig ist hierbei, dass Informationen nicht nur von Vorgesetzten an Mitarbeiter übermittelt
werden, sondern auch zwischen Mitarbeitern und von Mitarbeitern an
Vorgesetzte ausgetauscht werden. Die Wahl der Informationsweiter-
gabe ist somit eine wichtige Kommunikationsentscheidung in einer
Organisation. Bevor es also ins Detail geht, sollten wir uns mit diesen
Begriffen vertraut machen. Denn so können die komplexen Zusammenhänge zwischen den verschiedenen Entscheidungen in einem
hierarchischen System analysiert und beschrieben werden.

Da Organisationsentscheidungen einen erheblichen Teil der Verantwortung des Führungsteams und der Unternehmensleitung ausmachen,
kommt der **Steuerung des Entscheidungsverhaltens** eine besondere Bedeutung zu. Wenn also eine Entscheidung im Unternehmen umgesetzt
werden soll, wie z. B. die Einführung eines neuen ERP-Systems, dann
müssen folglich Maßnahmen ergriffen werden, um die gewählte
Organisationsalternative (hier z. B. das genannte ERP-System) einzu-
führen und durchzusetzen. Diese Maßnahmen dienen der Steuerung des
Verhaltens der Organisationsmitglieder und sind daher selbst Gegen-
stand von Organisationsentscheidungen. Schwierigkeiten bei der Einführung und Durchsetzung solcher Umsetzungen können verschiedene
Ursachen haben: mangelndes Wissen oder Missverständnisse seitens der
Organisationsmitglieder, mangelnde Bereitschaft zur Einhaltung der Ver-
haltensnormen oder fehlende Fähigkeiten aufgrund fehlender Informationen, Qualifikationen oder Ressourcen. Hier ist die Führungsebene gefragt, um bei der Entscheidungsumsetzung die betroffenen Personen zu
unterstützen.

Entscheidungsorientierung von Führungskräften

Ein strukturiertes Konzept, das die Fähigkeiten, Strategien und Verhaltensweisen von Führungskräften umfasst, um in komplexen und dynamischen Umfeldern fundierte Entscheidungen zu treffen. Sie bezieht die rationale und partizipative Entscheidungsfindung, situative Anpassungsfähigkeit, reflektierendes Lernen mit ein und berücksichtigt ethische Aspekte und soziale Verantwortung in Entscheidungsprozessen.

Es überrascht daher nicht, dass der Fokus von Führungskräften in der Entscheidungsorientierung liegt. Aber was ist damit gemeint? Führungskräfte sind verantwortlich für die Leitung und Steuerung von Teams, Abteilungen oder ganzer Organisationen. Ihre Entscheidungen haben somit direkten Einfluss auf die Unternehmensleistung, Produktivität und Effizienz. Eine hohe Entscheidungsorientierung bei Führungskräften bedeutet hierbei, dass sie in der Lage sind, schnell und zielführend Entscheidungen zu treffen – und das auch in komplexen und schwer unvorhersehbaren Situationen. Personen mit einer hohen Entscheidungsorientierung sammeln, analysieren, bewerten und reflektieren Informationen, um fundierte Entscheidungen zu treffen. Eine gute Entscheidungsorientierung beinhaltet auch, dass Führungskräfte Risiken abwägen beziehungsweise vielversprechende Chancen erkennen.

Aus theoretischer Sicht ergeben sich hier enge Beziehungen zwischen der Organisations- und Entscheidungslehre, die sich in drei maßgeblichen Aspekten zusammenfassen lassen: Erstens, organisatorische Maßnahmen dienen der Steuerung von Entscheidungen der Mitarbeiter. Daher ist es von großer Bedeutung, ein fundiertes Verständnis dafür zu entwickeln, wie Entscheidungsprobleme gelöst werden können, um Organisationsalternativen erfolgreich zu analysieren und zu bewerten. Zweitens stellt die Auswahl organisatorischer Maßnahmen selbst eine komplexe Entscheidungssituation dar, bei der Vor- und Nachteile sorgfältig abgewogen werden müssen. Drittens definiert die Entscheidungstheorie grundlegende Begriffe, die die Kommunikation und Zusammenarbeit mehrerer Organisationsmitglieder im Entscheidungsprozess unterstützen.

Die Auswahl einer Handlungsalternative basiert auf gründlichen Überlegungen, Vorbereitungen und Reflexionen, die als **Entscheidungsprozess** bezeichnet werden. Dieser Prozess umfasst Vorentscheidungen und die eigentliche Entscheidung, bei der die verschiedenen Handlungsmöglichkeiten betrachtet werden. Die gewählte Alternative repräsentiert hierbei die tatsächliche Lösung des Problems. Von verschiedenen Autoren wurden für den Entscheidungsprozess bestimmte Schritte identifiziert (Laux et al., 2018; von Nitzsch, 2024), darunter

- die Problemformulierung,
- die Präzisierung der Ziele,
- die Erforschung von Alternativen,
- die Auswahl einer Alternative und Entscheidungen während der Umsetzung.

Diese strukturierte Systematik unterstützt dabei, komplexe Aufgaben im Verlauf eines Entscheidungsprozesses zu lösen. Hieran wird auch die Rolle der Führungskraft deutlich. Ihre Aufgabe ist es Informationen zu sammeln und zu analysieren, um fundierte Entscheidungen treffen zu können. Dies erfordert ein tiefes Verständnis der Branche, des Marktes und der internen Abläufe des Unternehmens. Führungskräfte müssen in der Lage sein, relevante Daten zu interpretieren, um hieraus zunächst das Problem zu konkretisieren und das angestrebte Ziel zu präzisieren. Sie können aufgrund der gewonnenen Informationen erste Prognosen über zukünftige Entwicklungen treffen. Darüber hinaus müssen sie in der Lage sein, verschiedene Szenarien durchzuspielen und die potenziellen Auswirkungen ihrer Entscheidungen zu bewerten. Dies erfordert ein hohes Maß an analytischem Denken und Problemlösekompetenzen. Hinzu kommt die Fähigkeit die Entscheidung klar und überzeugend zu kommunizieren, sowohl intern als auch extern.

Liest man als Führungskraft diese Auflistung wird man zunächst einmal tief durchatmen (müssen). Natürlich möchte man eine gute Führungskraft sein und auch gute Entscheidungen treffen, aber die Auflistungen an Anforderungen aus der Theorie erscheint für einen Praktiker (fast) nicht erfüllbar. Eine erste Erleichterung soll mit dem folgenden Gedanken angeboten werden: Im Sinne der Komplexitätsreduktion sollte sich der aufwendige Informationsaustausch auf die wichtigen, betroffenen Stakeholdergruppen konzentrieren, während andere Parteien auch mit einfachen Informationswegen ins Bild gesetzt werden können.

Ein erster Blick auf die klassischen Ansätze der Entscheidungstheorie

Traditionelle Ansätze der Entscheidungstheorie, wie das **Modell des rationalen Entscheiders**, stellen die Annahme auf, dass Führungskräfte Entscheidungen treffen, indem sie alle verfügbaren Informationen analysieren, mögliche Handlungsalternativen bewerten und die Option wählen, die den größten Nutzen bietet. Dieses Modell basiert auf der Annahme der vollständigen Rationalität und vollständiger Informationen. Nun ist es aber in der Praxis unmöglich alle relevanten Informationen zu sammeln und vollständig zu durchdenken. Die Annahme der vollständigen Rationalität vernachlässigt die kognitiven Beschränkungen, denen Menschen unterliegen, sowie die emotionale und soziale Dimension von Entscheidungen.

Herbert A. Simon (1959) nahm diese Einschränkungen in seinen Studien zur **Bounded Rationality** mit auf und entwickelte eine der einflussreichsten Theorien zur Beschreibung der Entscheidungsfindung unter realen Bedingungen. Er argumentiert, dass Menschen aufgrund kognitiver Einschränkungen und unvollständiger Informationen nicht in der Lage sind, vollständig rationale Entscheidungen zu treffen. Stattdessen nutzen sie vereinfachte Modelle der Realität und suchen nach *satisfizierenden Lösungen*, die ausreichend gut, aber nicht notwendigerweise optimal sind. Als Führungskraft sind oft Entscheidungen zu treffen, obwohl nicht alle Informationen vorliegen und die Zeit für eine umfassende Analyse fehlt. Nach Simon sollten Entscheider daher Prioritäten setzen und sich auf die wichtigsten Informationen konzentrieren, um praktikable Lösungen zu finden.

Mit seiner Theorie des **Kritischen Rationalismus** beeinflusste Karl Popper (1979) ebenfalls die Entscheidungsforschung. Im Zentrum seiner Theorie steht die Idee, dass Wissen nie endgültig verifiziert, sondern nur falsifiziert werden kann. Popper betont die Bedeutung der Kritik als

Motor wissenschaftlicher und gesellschaftlicher Fortschritte und fordert, dass jede Theorie oder Hypothese ständig durch kritische Prüfung herausgefordert werden sollte. Diese Prinzipien lassen sich auch auf die Entscheidungsfindung und die Rolle von Führungskräften in Organisationen übertragen. In Unternehmen bedeutet dies, dass Entscheidungen nie als endgültig betrachtet werden sollten. Stattdessen sollten Führungskräfte den Prozess der Entscheidungsfindung als dynamisch und iterativ verstehen, in dem kontinuierlich neue Informationen und Perspektiven integriert werden. Eine Entscheidung ist nach Popper immer nur eine vorläufige Lösung, die so lange Bestand hat, bis sie durch bessere Informationen oder fundierte Kritik widerlegt wird. Nach Popper sollte ein Unternehmen somit eine Kultur der Offenheit und des Dialogs fördern, in der auch gegensätzliche Meinungen und kritische Stimmen Gehör finden. Führungskräfte sollten aktiv nach Schwachstellen in ihren Entscheidungen suchen und bereit sein, Fehler zu korrigieren. Dies fördert nicht nur die Qualität der Entscheidungen, sondern auch die Anpassungsfähigkeit des Unternehmens in einem sich schnell verändernden Marktumfeld.

Unbewusst nehmen wir als Menschen auch häufig mentale Abkürzungen, sogenannte **Heuristiken**. Sie ermöglichen uns schnell Entscheidungen zu treffen, insbesondere unter Unsicherheit und Zeitdruck. Tversky und Kahneman (1974) identifizierten bereits vor über 50 Jahren verschiedene Heuristiken, wie die Verfügbarkeitsheuristik und die Repräsentativitätsheuristik, die Menschen verwenden, um komplexe Informationen zu verarbeiten und Entscheidungen zu treffen.

Die **Verfügbarkeitsheuristik** beschreibt hierbei einen Denkprozess, bei dem Menschen die Wahrscheinlichkeit eines Ereignisses danach beurteilen, wie leicht sie sich an ähnliche Fälle erinnern können. Diese mentale Abkürzung beeinflusst uns oft in unseren Entscheidungsfindungen und Urteilen, indem sie den Fokus auf leicht abrufbare Informationen legt, unabhängig davon, ob diese Informationen tatsächlich repräsentativ für die Gesamtsituation sind. Nach Tversky und Kahneman beruht sie auf der Annahme, dass leicht zugängliche Informationen im Gedächtnis eher genutzt werden, um die Wahrscheinlichkeit oder Bedeutung eines Ereignisses zu bewerten. Dies kann dazu führen, dass Menschen die Häufigkeit oder Wahrscheinlichkeit von Ereignissen überschätzen, die stark im Gedächtnis verankert sind. Dies kann zum Beispiel aufgrund intensiver persönlicher Erfahrungen, Medienberichterstattung oder emotionaler Ereignisse geschehen. Gleichzeitig können Ereignisse, die weniger präsent oder schwerer zu erinnern sind, unterschätzt werden, selbst wenn sie statistisch gesehen häufiger oder wahrscheinlicher sind.

Beispiel zur Verfügbarkeitsheuristik

Nach einem Flugzeugabsturz wird die Berichterstattung in den Medien oft intensiviert, was dazu führt, dass viele Menschen das Fliegen als gefährlicher wahrnehmen, als es tatsächlich ist. Flugzeugabstürze bleiben im Gedächtnis haften und sind leicht abrufbar, was dazu führt, dass Menschen die Wahrscheinlichkeit eines Absturzes überschätzen, obwohl statistisch gesehen das Risiko, bei einem Autounfall ums Leben zu kommen, weitaus höher ist. Hier zeigt sich die Verzerrung der Wahrnehmung durch die Verfügbarkeitsheuristik: Die Leichtigkeit, mit der man sich an ein Flugzeugunglück erinnert, beeinflusst die Einschätzung des Risikos überproportional stark.

Die Forscher zeigten, dass wir Menschen nach der Verfügbarkeitsheuristik häufig zu **systematischen Verzerrungen** neigen. Wir verlassen uns einfach zu stark auf leicht zugängliche Informationen, anstatt eine umfassende und objektive Analyse durchzuführen. So gesehen trägt diese Heuristik zum Verständnis der begrenzten Rationalität bei. Viel mehr noch: Trotz ihrer Nützlichkeit müssen wir auch bedenken, dass sie in vielen Situationen zu Fehlurteilen führen kann.

Nach der **Repräsentativitätsheuristik** ignorieren Mensch oft wie wahrscheinlich ein bestimmtes Ereignis objektiv ist und stützen stattdessen ihre Urteile auf Ähnlichkeiten. Wenn beispielsweise jemand eine Person beschreiben soll, die ruhig und introvertiert ist, wird diese Person eher als Bibliothekar denn als Verkäufer eingeschätzt, auch wenn es viel mehr Verkäufer als Bibliothekare gibt. Die Entscheidung beruht hier auf der Ähnlichkeit mit einem Stereotyp, anstatt auf einer objektiven Wahrscheinlichkeitsanalyse. Etwas abstrakter formuliert beschreibt diese Heuristik also einen kognitiven Prozess, bei dem Menschen die Wahrscheinlichkeit eines Ereignisses oder die Zugehörigkeit eines Objekts zu einer bestimmten Kategorie danach beurteilen, wie stark es einem typischen Beispiel oder Prototyp dieser Kategorie ähnelt. Das Gute: Diese mentale Abkürzung hilft dabei, schnelle Entscheidungen zu treffen. Der Nachteil: Sie kann auch zu systematischen Fehlurteilen führen.

Beispiel zur Repräsentativitätsheuristik

Ein bekanntes Beispiel aus den Studien von Kahneman und Tversky ist das sogenannte „Linda-Problem". Die Versuchspersonen bekamen eine Beschreibung von Linda, die als junge Frau dargestellt wurde, die sich für soziale Gerechtigkeit engagiert und an Protesten teilnimmt. Anschließend sollten die Teilnehmer einschätzen, was wahrscheinlicher ist: Dass Linda eine Bankangestellte ist oder dass sie eine Bankangestellte und gleichzeitig in der Frauenbewegung aktiv ist. Die meisten Teilnehmer wählten die zweite Option, obwohl diese logischerweise weniger wahrscheinlich ist. Dies liegt daran, dass das Bild von Linda als Aktivistin besser zum Stereotyp einer feministischen Bankangestellten passt, wodurch die repräsentative Beschreibung das Urteil dominierte und die eigentliche Wahrscheinlichkeitsrechnung außer Acht gelassen wurde.

Das Beispiel zeigt anschaulich, wie die Repräsentativitätsheuristik unser Denken durch Ähnlichkeitsurteile prägt. Obwohl diese Heuristik in vielen Alltagssituationen nützlich ist, kann sie auch zu Fehlurteilen führen. Und dies insbesondere in komplexen Situationen. Das liegt daran, da wir Menschen dazu neigen die tatsächliche Wahrscheinlichkeit eines Ereignisses zu ignorieren, wenn das Ereignis eine starke Ähnlichkeit mit einem bestimmten Stereotyp oder einer bekannten Kategorie aufweist.

Verzerrungen schwächen die Entscheidungsfindung

Obwohl wir also Heuristiken nutzen können, um schneller zu entscheiden, können sie auch von Fall zu Fall zu Verzerrungen (Bias) führen. Sie beeinflussen die Qualität der Entscheidungen negativ. Beispiele für solche Verzerrungen sind der **Confirmation Bias**, bei dem Menschen dazu neigen, Informationen zu bevorzugen, die ihre bestehenden Überzeugungen bestätigen, und der **Anchoring Bias**, bei dem frühere Informationen die nachfolgende Entscheidungsfindung unverhältnismäßig stark beeinflussen.

Beispiel für einen Confirmation Bias (Bestätigungsfehler)

Stellen wir uns vor, ein Unternehmen sucht einen neuen Vertriebsleiter. Der CEO hat bereits einen Kandidaten im Auge, den er aufgrund eines kurzen und positiven ersten Eindrucks favorisiert. Dieser Kandidat hat in einem früheren Job signifikante Umsatzzuwächse erzielt, was den CEO in seiner Überzeugung bestärkt, dass diese Person die richtige Wahl ist. Anstatt eine objektive Bewertung durchzuführen, sucht der CEO unbewusst nach Informationen, die seine Meinung bestätigen und ignoriert oder spielt die Bedeutung derer herunter, die dem widersprechen könnten.

Während des Einstellungsprozesses erhält der CEO Rückmeldungen von anderen Teammitgliedern, die auf Probleme im Führungsstil des Kandidaten hinweisen, wie etwa mangelnde Teamfähigkeit oder übermäßige Risikobereitschaft. Doch der CEO interpretiert diese Bedenken als geringfügig oder sucht nach Erklärungen, die die negativen Punkte relativieren. Er konzentriert sich stattdessen auf die positiven Aspekte, die seinen ersten Eindruck bestätigen.

Als Folge dieser Voreingenommenheit wird der Kandidat eingestellt, obwohl objektive Indikatoren auf potenzielle Probleme hinweisen. Einige Monate später treten diese Probleme deutlich zutage: Der neue Vertriebsleiter hat Schwierigkeiten, das Team zu motivieren und zeigt eine Tendenz zu riskanten Entscheidungen, die zu erheblichen Verlusten führen.

Dieses Beispiel zeigt, wie ein Bestätigungsfehler dazu führen kann, dass wichtige, kritische Informationen ignoriert werden und letztendlich eine schlechte Personalentscheidung getroffen wird, die dem Unternehmen langfristig schaden kann. Ein bewusstes Auseinandersetzen mit eigenen Vorurteilen und das Einholen unterschiedlicher Perspektiven könnten solche Fehler vermeiden.

Der **Anchoring-Bias** tritt auf, wenn Menschen sich zu stark auf die erste Information, die sie erhalten (den „Anker"), konzentrieren und spätere Entscheidungen darauf basieren, selbst wenn diese Information nicht relevant oder verzerrt ist.

Beispiel für einen Anchoring Bias (Ankereffekt)

Nehmen wir ein Unternehmen, das die Anschaffung einer neuen Software-lösung zur Verbesserung der internen Kommunikation plant. Der Projekt-leiter informiert sich zunächst über verschiedene Anbieter und stößt auf ein Angebot, bei dem die Software zu einem Preis von 100.000 € angeboten wird. Obwohl dies nur ein erster Preis ist, den er gesehen hat, setzt sich die-ser Betrag als mentaler Anker fest.

Während der weiteren Recherche stellt der Projektleiter fest, dass an-dere Anbieter ähnliche Lösungen für Preise zwischen 50.000 und 80.000 € anbieten. Trotz dieser günstigeren Alternativen vergleicht er diese immer mit dem ersten Angebot von 100.000 €. In den folgenden Verhandlungen lässt sich der Projektleiter auf einen Preis von 90.000 € ein, da er diesen als „guten Deal" im Vergleich zum ursprünglichen Angebot empfindet, ob-wohl er damit immer noch über dem Marktpreis liegt.

Diese Fixierung auf den ersten Preis führte dazu, dass das Unternehmen unnötig hohe Kosten trägt. Eine objektive Bewertung der Angebote, un-abhängig vom anfänglichen Anker, hätte zu einer kostengünstigeren Ent-scheidung führen können.

Dieses Beispiel verdeutlicht, wie der Ankereffekt dazu führen kann, dass Unternehmen in Verhandlungen oder bei der Budgetplanung unnö-tig viel Geld ausgeben. Es liegt auf der Hand, dass solche Verzerrungen nun einmal auftreten und dass uns unser Gehirn diesbezüglich hin und wieder einen Streich spielt. Aus Führungssicht sollten wir uns dieser möglichen Verzerrungen bewusst sein und Mechanismen entwickeln, um deren Einfluss zu minimieren. Nahliegende Aspekte wären die Einholung externer Meinungen, der Austausch mit Kollegen oder die systematische Überprüfung von getroffenen Annahmen.

Die richtigen Entscheidungen im Team treffen

Neben der isolierten Entscheidung stellt auch der Kontext der Situation eine gewichtige Rolle dar. In der Unternehmenspraxis werden Ent-scheidungen häufig durch mehrere Personen getroffen (s. *kollektive Ent-scheidungen* im letzten Abschnitt dieses Kapitels). Zwar hält sich das Sprichwort „viele Köche verderben den Brei" auch im organisationalen Kontext, aber wir müssen zugeben, dass Gruppenentscheidungen auch

Vorteile bieten. Sie basieren auf einer breiteren Informationsbasis und berücksichtigen verschiedene Perspektiven. Dies kann zu fundierteren und ausgewogeneren Entscheidungen führen. Gleichzeitig bergen Gruppenentscheidungen Risiken wie Gruppendenken (Groupthink) in sich, bei dem die Homogenität der Gruppe zu einem Druck führt, Konsens zu erzielen (Pech, 2001). Nehmen wir beispielsweise ein Führungsteam, das beschließt ein neues Produkt auf den Markt zu bringen, obwohl es Bedenken über die Marktakzeptanz gibt. Die Teammitglieder äußern ihre Zweifel nicht aus Angst, den Konsens zu stören oder der Führungskraft zu widersprechen. Als das Produkt floppt, wird klar, dass wichtige Risiken übersehen wurden.

In partizipativen Entscheidungsfindungen ist gute Führung gefragt. Diese bezieht Mitarbeiter in den Entscheidungsprozess ein und fördert so das Engagement und die Identifikation mit der Entscheidung. Insbesondere können hier interdisziplinäre Teams ihre Vorteile ausspielen (Lattuch, 2024). Bei aller Euphorie dürfen wir aber nicht vergessen, dass obwohl partizipative Entscheidungsfindungen die Akzeptanz und Qualität von Entscheidungen erhöhen können, auch die Gefahr besteht, dass der Prozess zeitaufwändig(er) wird und Entscheidungen verzögert werden. Für Führungskräfte ist es nicht immer einfach den richtigen Zeitpunkt und Umfang der Partizipation zu bestimmen und die Balance zwischen Effizienz und Inklusion zu finden. Hieran wird deutlich, dass die Rolle der Führungskraft in der Entscheidungsfindung komplex und vielschichtig ist. Sie erfordert nicht nur analytische Fähigkeiten, sondern auch Erfahrung im Umgang mit Gruppendynamiken, Rahmenbedingungen, typischen Heuristiken und Verzerrungen. Dies schließt eine Vielzahl an Theorien und Konzepten mit ein, die helfen können komplexe Entscheidungsprozesse besser zu bewältigen.

2   Komplexitätsreduktion im Entscheidungsprozess

Entscheidungsprozesse sind aus einer Vielzahl von Faktoren wie Handlungsalternativen, der Unsicherheit in Bezug auf zukünftige Entwicklungen, der unterschiedlichen Interessen der beteiligten Akteure und der oft widersprüchlichen Ziele geprägt. Um Entscheidungen handhabbar zu machen, führt hier kein Weg an einer sinnvollen Komplexitätsreduktion vorbei. Mit der Beurteilung was sinnvoll und nicht sinnvoll ist, wird die Führungskraft im Alltag jedoch häufig allein gelassen.

Komplexität im Entscheidungsprozess

Die Anzahl und Interdependenz der Faktoren, die in einem Entscheidungsprozess berücksichtigt werden müssen. Sie wird durch den Umfang der verfügbaren Informationen, die Fülle der Alternativen, die Unsicherheiten hinsichtlich der Konsequenzen und die verschiedenen Interessen und Werte der beteiligten Akteure geprägt.

Organisationen unterschätzen häufig, dass Komplexität auch durch die Struktur der Entscheidungssituation selbst entstehen, etwa durch mehrstufige Entscheidungen oder durch den dynamischen Charakter der Umgebung, in der die Entscheidung getroffen werden muss. Einig sind sich Forscher und Praktiker darin, dass ein hoher Grad an Komplexität die Entscheidungsfindung erschwert. Es ist zunehmend schwieriger, alle relevanten Informationen zu verarbeiten und die optimalen Handlungsalternativen zu identifizieren.

Komplexität kann zu Fehlentscheidungen führen

Komplexität führt oft zu Entscheidungsunsicherheit, kognitiver Überforderung und einer erhöhten Wahrscheinlichkeit für Fehlentscheidungen. Abb. 2 führt einige (von vielen anderen) Einflüssen auf, die die Komplexität in Organisationen erhöhen. Aufgrund der Vielzahl an Optionen und Unsicherheiten zögern Führungskräfte unfreiwillig damit eine Entscheidung zu treffen. Gleichzeitig steigt das Risiko, dass Entscheidungen auf Basis unvollständiger oder irrelevanter Informationen getroffen werden. Führungskräfte neigen dazu, in komplexen Situationen auf vereinfachende Strategien zurückzugreifen, die jedoch mit systematischen Ver-

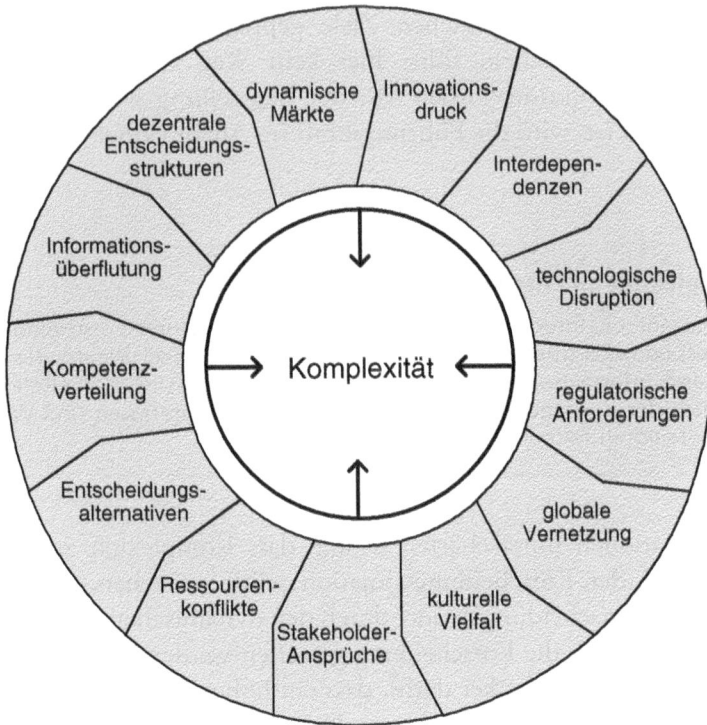

Abb. 2 Vielseitige, sich verstärkende Einflüsse auf Komplexität

zerrungen verbunden sein können. Hier setzt die Frage an, wie Komplexität systematisch reduziert werden kann, um Entscheidungsprozesse zu verbessern.

Von uns selbst wissen wir, dass wir nur begrenzt Informationen verarbeiten können. Es liegt daher auf der Hand Entscheidungsprozesse zu vereinfachen. Dies gilt auch für Organisationen: Da die Unternehmensleitung nicht alle Entscheidungen selbst treffen kann, werden Entscheidungskompetenzen an Mitarbeiter delegiert und komplexe Probleme in einfachere Teilprobleme zerlegt. Aus entscheidungstheoretischer Sicht ist hierbei zwischen Entscheidungsmodellen und Entscheidungstypen zu unterscheiden. Beides sind zentrale Konzepte zur Analyse und Strukturierung von Entscheidungsprozessen.

Entscheidungsmodell und Entscheidungstypen

Ein **Entscheidungsmodell** ist eine systematische Darstellung eines Entscheidungsproblems. Es hilft dabei, die relevanten Elemente und Beziehungen eines Problems zu identifizieren und zu analysieren. Es umfasst (a) *Ziele und Präferenzen* und klärt dabei was der Entscheider erreichen will und welche Kriterien für die Entscheidung wichtig sind; (b) *Handlungsalternativen,* die darlegen welche Optionen überhaupt zur Verfügung stehen; (c) *Zustände der Umwelt,* die externe, beeinflussende Faktoren abbilden, (d) *Ergebnisse und Konsequenzen,* die Resultate aus den verschiedenen Handlungsalternativen in Kombination mit den Umweltzuständen darstellen; (e) *Wahrscheinlichkeiten,* die bei unsicheren Entscheidungen die Eintrittswahrscheinlichkeiten verschiedener Umweltzustände illustrieren und (f) *Entscheidungsregeln,* die die einzuhaltenden Methoden oder Regeln für die Alternativauswahl festlegen.

Entscheidungstypen hingegen sind Klassifikationen von Entscheidungen basierend auf bestimmten Merkmalen. Hierbei werden häufig folgende Typen unterschieden:

* Die *sichere Entscheidung,* bei der alle Informationen und Konsequenzen bekannt sind. Es gibt keine Unsicherheit. Beispiel: Kauf eines Produkts mit festem Preis und bekannter Qualität.
* Die *Entscheidung unter Risiko,* bei der die Wahrscheinlichkeiten der verschiedenen Zustände der Umwelt (s. o. „Modelltypen") bekannt sind. Beispiel: Investitionen in Aktien, bei denen historische Daten die Wahrscheinlichkeit zukünftiger Entwicklungen abschätzen lassen.
* Die *Entscheidung unter Unsicherheit,* bei der weder die Umweltzustände noch deren Wahrscheinlichkeiten bekannt sind. Beispiel: Einführung einer Produktinnovation ohne Marktforschung.
* Die *Mehrzielentscheidung,* bei der mehrere Ziele verfolgt werden, die möglicherweise im Konflikt stehen. Beispiel: Unternehmensentscheidungen, die sowohl den Gewinn maximieren als auch die Kundenzufriedenheit erhöhen sollen.
* Die *interaktive Entscheidung,* bei der die Resultate von den Entscheidungen anderer Akteure abhängen. Beispiel: Preissetzung in einem wettbewerbsintensiven Markt.

Bei der Konstruktion eines Entscheidungsmodells sollte der Entscheider maßgeblich die wahrgenommenen Aspekte berücksichtigen. Ein vollständiges Modell ist in der Praxis nun aber meist zu aufwendig und wird daher vereinfacht und (bewusst) unvollständig dargestellt. Für die Führungskraft müssen daher die vereinfachten Modelle ausreichen, um gute Entscheidungen zu treffen.

Ansätze Entscheidungsmodelle grundsätzlich zu reduzieren

Organisationstheoretiker wie Helmut Laux (2006) schlugen verschiedene allgemeine Ansätze vor, wie sich die Komplexität anhand einiger Elemente des Entscheidungsmodells grundsätzlich reduzieren lassen:

• Die *Umweltzustände* oder Teile von ihnen können ignoriert oder zusammengefasst werden. Dies ist nützlich bei sequenziellen Entscheidungen, wo Umweltzustände als zeitliche Abfolgen von Daten betrachtet werden. Zustände mit geringer Wahrscheinlichkeit oder ähnlichen Ergebnissen werden vernachlässigt oder zu einem „durchschnittlichen Zustand" kombiniert. Wahrscheinlichkeiten werden oft nur grob geschätzt.
• Die *Ergebnisbewertung* im Sinne der Handlungsalternativen könnte weniger präzise beschrieben werden. Statt genaue Resultate für jede Alternative in allen Umweltzuständen zu ermitteln, nutzt der Entscheider Schätzwerte. Dies ist besonders bei seltenen Umweltzuständen sinnvoll. Weniger wichtige Zielgrößen werden vernachlässigt.
• Die *Präferenzfunktion*, in der die Vorgaben (Präferenzen) des Entscheiders formal abgebildet werden, können ebenso vereinfacht werden, in dem von einer linearen Gewichtung der Zielgrößen ausgegangen wird, obwohl die tatsächlichen Präferenzen komplexer sind. Dies erleichtert den Entscheidungsprozess und kann schnellere Entscheidungen ermöglichen.

Jetzt ist natürlich klar, dass diese Ansätze der Komplexitätsreduktion für eine Führungskraft zunächst sehr abstrakt wirken. Hinzu kommt, dass Entscheidungsprozesse oft von einer Vielzahl an Variablen, Unsicherheiten und konkurrierenden Zielen geprägt sind, was die Komplexität erheblich erhöht. Eine systematische Reduktion dieser Komplexität ist wichtig, um fundierte Entscheidungen zu treffen. Wir können uns hierbei aus vielen theoretischen Modellen Handlungsansätze ableiten, die der Führungskraft als pragmatisches Werkzeug hilfreich sein können.

Theoriegeleitete Reduktion von Komplexität

Wie im letzten Abschnitt beschrieben bietet das klassische Konzept der **Bounded Rationality** erste vielversprechende Ansätze. Während es beschreibt, dass Entscheidungsträger aufgrund von kognitiven Einschränkungen und unvollständigen Informationen nicht in der Lage sind, vollständig rationale Entscheidungen zu treffen, kann dies auch ein systematischer Ansatz zur Reduzierung sein. Interessanterweise geschieht dies fast schon automatisch, da wir als Menschen dazu neigen anstelle nach optimalen Lösungen zu suchen, die alle möglichen Optionen und Konsequenzen berücksichtigen, wir ganz natürlich nach Einfällen suchen, die aus pragmatischer Sicht „recht gut" sind. Dieser Prozess wird als **Satisficing** bezeichnet, eine Kombination aus *satisfying* und *sufficing*. Wollen wir diesen Ansatz nun aber konkret und bewusst in der Praxis nutzen, muss der Entscheider klare Kriterien definieren, welche Anforderungen eine Lösung mindestens erfüllen sollte, und die Entscheidung treffen, sobald eine solche Lösung gefunden wird. Dies ist aber leider kein Selbstläufer. Es besteht auch immer die Gefahr, dass wichtige Informationen oder Alternativen von der Führungskraft übersehen werden. Für die Führungskraft bleibt somit die Herausforderung das Gleichgewicht zwischen Vereinfachung und der Berücksichtigung relevanter Informationen zu finden.

Wie im oberen Abschnitt bereits beschrieben, können auch **Heuristiken** helfen komplexe Entscheidungsprobleme zu lösen. Solche mentalen Abkürzungen können dazu beitragen Entscheidungsprobleme schnell und zielgerichtet zu bearbeiten. Die Verfügbarkeits- und Repräsentativitätsheuristik wurden hierzu im letzten Abschnitt bereits angeführt. Bei dieser Besprechung wurde deutlich, dass solche Heuristiken auch zu systematischen Verzerrungen führen können, wenn sie nicht bewusst angewendet und hinterfragt werden (siehe Confirmation Bias oder Ankereffekt). Für Führungskräfte ist es daher wichtig sich über diese Verzerrungen bewusst zu sein. Insbesondere die Reflexion über die eigenen Entscheidungsprozesse und die Einbeziehung unterschiedlicher Perspektiven und Meinungen in den Entscheidungsprozess ist dabei wichtig.

Framing in der Entscheidungsfindung

Framing beschreibt, wie die Art der Darstellung von Informationen Entscheidungen beeinflusst. Menschen bewerten dieselbe Information unterschiedlich. Dadurch können selbst kleine Änderungen im Kontext oder in Formulierungen eine andere Wahrnehmung und damit andere Entscheidungen hervorrufen.

Ein etablierter Ansatz ist darüber hinaus das **Framing**. Es beschreibt, wie die *Rahmung* einer Entscheidungssituation die Wahrnehmung und Bewertung von Handlungsalternativen beeinflussen kann. Unterschiedliche Rahmungen können dazu führen, dass dieselbe Entscheidungssituation unterschiedlich bewertet wird. Tversky und Kahneman (1974) haben dieses Phänomen für die Entscheidungslehre maßgeblich geprägt und wiesen nach, dass wenn man den Rahmen einer Entscheidung bewusst gestaltet, man die Komplexität der verfügbaren Informationen und der potenziellen Konsequenzen vereinfachen kann. So kann beispielsweise ein systematisches Framing durch die Reduktion auf die wesentlichsten Alternativen oder durch die Betonung bestimmter Aspekte (z. B. Risiken vs. Chancen) erreicht werden. Dies erleichtert es, sich auf die relevanten Informationen zu konzentrieren und die Entscheidungsfindung zu strukturieren. Im nachfolgenden Beispiel wir dieser Effekt etwas deutlicher.

Beispiel wie Framing die Komplexität systematisch reduzieren kann

Stellen wir uns vor, ein Unternehmen steht vor der Entscheidung, ob es in ein neues, riskantes Marktsegment expandieren soll. Die Entscheidungsträger sehen sich mit einer Fülle von Informationen konfrontiert: Marktanalysen, Finanzprognosen, Risiken und Chancen, sowie internen Meinungen, die alle unterschiedlichen Aspekte beleuchten. Dies kann leicht zu einer Überlastung führen und die Entscheidungsfindung erschweren.

Um den Entscheidungsprozess zu vereinfachen, könnten die Führungskräfte den Entscheidungsrahmen (Frame) bewusst so setzen, dass die relevanten Informationen klarer hervortreten. Beispielsweise könnte der Fokus des Framings auf den langfristigen Wachstumsaussichten und den strategischen Vorteilen der Expansion liegen, anstatt sich zu sehr auf die kurzfristigen Risiken zu konzentrieren. Dies bedeutet nicht, dass Risiken ignoriert werden, sondern dass die Informationen so präsentiert werden, dass die strategische Bedeutung der Entscheidung hervorgehoben wird.

Ein konkretes Framing könnte wie folgt aussehen: „Wenn wir in dieses Marktsegment expandieren, haben wir eine 70 %ige Chance, unseren Marktanteil in den nächsten fünf Jahren signifikant zu erhöhen. Dies stärkt unsere Position als Marktführer." Dieses positive Framing stellt den potenziellen Gewinn in den Vordergrund und erleichtert es den Entscheidungsträgern, die Komplexität der Entscheidung auf eine zentrale Frage zu reduzieren: Wie wichtig ist es für das Unternehmen, langfristig zu wachsen?

Durch das im Beispiel genannte **Framing** kann die Organisation die Komplexität des Entscheidungsprozesses systematisch reduzieren, indem es die Diskussion auf die entscheidenden Faktoren lenkt. Dies führt zu einer klareren, fokussierten Entscheidungsfindung, die es den Führungskräften ermöglicht, besser informierte und langfristig ausgerichtete Entscheidungen zu treffen.

Entscheidungsbäume & Szenarioanalyse reduzieren Komplexität

Entscheidungsbäume sind etablierte Instrumente, um komplexe Entscheidungsprozesse in eine sequenzielle Struktur zu bringen. Sie ermöglichen es, verschiedene Handlungsalternativen systematisch zu analysieren und die Konsequenzen jeder Alternative zu visualisieren. Die Zerlegung komplexer Entscheidungen in kleinere, überschaubare Schritte kann dabei helfen, die Komplexität aus der Gesamtsicht zu nehmen und es wird einfacher, die Auswirkungen jeder Entscheidung zu bewerten. Die folgenden zwei Beispiele beziehen sich auf den Energiesektor, da sie durch starke Regulation und weiterer Marktdynamiken mit vielen Unsicherheiten für langfristige Entscheidungen betroffen sind.

Beispiel für Entscheidungsbäume im Energiesektor

Stellen wir uns eine Führungskraft vor, die die Geschäftsführung mit ihrem Team berät, ob das Unternehmen in Solar-, Windenergie oder eine Kombination beider Technologien investieren soll. Die inhärente Komplexität dieses Problems kann durch den Einsatz von Entscheidungsbäumen systematisch reduziert werden.

Zunächst wird der Entscheidungsbaum erstellt, indem die Hauptalternativen – Investition in Solarenergie, Windenergie oder eine Hybridlösung – als Ausgangspunkte festgelegt werden. Für jede dieser Optionen werden die entscheidungsrelevanten Knoten und Unsicherheitsfaktoren identifiziert. Beispielsweise könnte ein Knoten die zukünftige Preisentwicklung für Photovoltaikmodule darstellen, da diese die Rentabilität von Solarprojekten beeinflusst. Ein weiterer Knoten könnte die Änderung staatlicher Subventionen für erneuerbare Energien sein, die sich auf die Wirtschaftlichkeit von Windkraftanlagen auswirkt.

An jedem Knoten werden verschiedene Szenarien und deren Eintrittswahrscheinlichkeiten abgebildet. So könnte der Entscheidungsbaum für die Solaroption Szenarien mit sinkenden, stabilen oder steigenden Modulpreisen berücksichtigen und deren Auswirkungen auf die Wirtschaftlichkeit des Projekts bewerten. Durch die Berechnung der erwarteten Werte für jede Option kann die Führungskraft die finanzielle Attraktivität und die Risiken der verschiedenen Alternativen klar vergleichen.

Der Entscheidungsbaum reduziert in diesem Beispiel die Komplexität des Entscheidungsprozesses. Er bietet eine klare und strukturierte Übersicht über die möglichen Entwicklungen und deren Konsequenzen. Dadurch kann die Führungskraft und sein/ihr Team eine gute Diskussionsgrundlage für die Geschäftsführung vorbereiten.

Ähnliches gilt für die **Szenarioanalyse**, bei der verschiedene mögliche Zukunftsszenarien systematisch durchdacht und ihre potenziellen Auswirkungen auf die Entscheidungsalternativen analysiert werden. Dies ermöglicht es der Projektleitung, sich auf unterschiedliche Entwicklungen vorzubereiten und flexible Strategien zu entwickeln, die in verschiedenen Szenarien erfolgreich sein können. In der Praxis werden die Szenarien in Eintrittswahrscheinlichkeiten unterteilt und anschließend beurteilt. Beide Werkzeuge erfordern eine sorgfältige Planung und Datenerhebung, um nützliche Ergebnisse zu liefern. Sie sind besonders in strategischen Entscheidungsprozessen hilfreich, wo die Konsequenzen von Entscheidungen weitreichend und langfristig sind. Allerdings sind diese Methoden auch ressourcenintensiv und können bei zu starker Vereinfachung relevante Details übersehen.

Beispiel einer Szenarioanalyse im Energiesektor

Ein Unternehmen im Energiesektor befasst sich mit seiner strategischen Ausrichtung und die dazugehörige Planung. Das Management sieht sich hierbei mit einer Vielzahl von Unsicherheiten konfrontiert, darunter mögliche politische Entscheidungen, technologische Durchbrüche oder Schwankungen in der Rohstoffverfügbarkeit.

Die Führungskräfte initiieren einen Szenarioanalyseprozess, bei dem zunächst relevante Einflussfaktoren identifiziert und hinsichtlich ihrer Unsicherheit und Bedeutung gewichtet werden. Anschließend entwickelt das Team mehrere plausible Szenarien, etwa ein „Technologiesprung"-Szenario, bei dem erneuerbare Energien plötzlich effizienter und kostengünstiger werden, oder ein „Regulierungsdruck"-Szenario, in dem strengere Umweltauflagen die Kosten für konventionelle Energieerzeugung erhöhen.

Jedes Szenario wird detailliert beschrieben, und seine möglichen Auswirkungen auf das Unternehmen werden analysiert und mit der Unternehmensleitung diskutiert. Diese Szenarien ermöglichen es dem Top-Management die möglichen Zukunftsoptionen zu strukturieren und potenzielle Handlungsmöglichkeiten für jedes Szenario zu entwickeln.

Durch diese systematische Vorgehensweise reduziert die Führungskraft die Komplexität des Entscheidungsprozesses erheblich. Diese Initiative schafft Klarheit über mögliche Entwicklungen, identifiziert Risiken und Chancen und kann so besser informierte, strategisch fundierte Entscheidungen treffen. Natürlich ist dies kein Garant dafür, dass eines der ausgewählten Szenarien auch wirklich eintrifft. Aber gemäß Poppers

(1979) **Theorie zum kritischen Rationalismus** ist die Entscheidung sich auf eines der Szenarien vorzubereiten immer nur eine *vorläufige Lösung*, die so lange Bestand hat, bis sie durch bessere Informationen oder fundierte Kritik widerlegt wird. Dies fördert nicht nur die Qualität der Entscheidungen, sondern auch die Anpassungsfähigkeit des Unternehmens in einem sich schnell verändernden Marktumfeld. Das Beispiel oben zeigt, wie der Einsatz von Szenarioanalysen zu einer besseren Vorbereitung auf die Zukunft führen kann und Unsicherheit, die in komplexen Entscheidungssituationen häufig lähmend wirkt, systematisch verringert werden kann.

Wir sehen also, dass die Reduktion von Komplexität in Entscheidungsprozessen eine Kombination aus verschiedenen systematischen Ansätzen erfordert. Dabei stehen wir nicht mit leeren Händen da: Heuristiken und das Konzept der begrenzten Rationalität bieten pragmatische Wege, um mit begrenzten Ressourcen umzugehen. Das bewusste Framing von Entscheidungssituationen und die Anwendung von Entscheidungsmatrizen ermöglichen eine strukturierte Herangehensweise. Neben der eigentlichen Reduktion von Komplexität im Entscheidungsprozess sind auch die Rahmenbedingungen zu beachten, die den Prozess zusätzlich beeinflussen können. Da die meisten Entscheidungen einer Führungskraft nicht nur isoliert getroffen werden können, beschreibt der nächste Abschnitt die Herausforderungen kollektiver Entscheidungen.

3   Herausforderungen kollektiver Entscheidungsprozesse

In Unternehmen werden Entscheidungen oft von Gruppen getroffen und nicht nur von Einzelpersonen. Jede Führungskraft hat solche **kollektiven Entscheidungsprozesse** sicherlich schon einmal im eigenen Alltag erlebt: Er oder Sie möchte umfassende Veränderungen in seinem Leitungsbereich vornehmen – aber ohne die Abstimmung mit der höheren Leitungsfunktion ist dies nicht ohne weiteres möglich. Das mag frustrieren, wenn sich die leitende Ebene gegen die *guten Ideen* der Führungskraft stellt. Es kann aber auch dazu führen, dass Entscheidungen, die möglicherweise problematisch für die Organisation sind, so abgewendet werden können. Oder denken wir an ein Familienunternehmen, dass eine externe Geschäftsführung eingesetzt hat. Der Familienbeirat bestellt Geschäftsführer, die Geschäftsführung wiederum legt Ziele fest, und Bereichsleiter planen gemeinsam eine mögliche Expansion des Unternehmens. Gerade weil umfassende Entscheidungen immer komplexer werden und auch erhebliche Ressourcen benötigen und binden, setzen Organisationen auf Gremien wie Beiräte, Leitungs- und Lenkungsausschüsse, um ausgewogene und verantwortungsvolle Entscheidungen zu treffen. Diese Gremien erhalten von übergeordneten Instanzen Entscheidungsbefugnisse und verschiedene Zielvorgaben zur Wirtschaftlichkeit, Rentabilität oder anderen Kennzahlen.

Kollektive Entscheidungsprozesse

Kollektive Entscheidungsprozesse beinhalten die Zusammenarbeit von mehreren Individuen oder Gruppen zur Erreichung eines gemeinsamen Ziels. Sie können in Teams, Abteilungen oder übergreifend in ganzen Organisationen stattfinden. Sie sind insbesondere bei komplexen Entscheidungen relevant, in denen die Expertise und Perspektiven verschiedener Stakeholder erforderlich sind.

Natürlich müssen bei umfassenden Problemen mehrere Parteien einbezogen werden und natürlich haben diese Parteien auf dem Weg zur Entscheidungsfindung auch immer **Partialinteressen**, die von der betreffenden Führungskraft miteingearbeitet werden wollen. Aber führt dies immer zu den besten Entscheidungen? Zu welchem Zeitpunkt klopft man sich als Führungskraft selbst auf die Schulter hinsichtlich der herausragenden Entscheidung? Martin Moore (2022) beschrieb in seinen Beobachtungen, dass für einige Führungskräfte eine gute Entscheidung diejenige ist, die auf breite Zustimmung der jeweiligen Gremien oder Stakeholder stößt. In Organisationen, die tendenziell basisdemokratisch geprägt sind wie Hochschulen oder einige Parteien mag dies zutreffen. Zur Wahrheit gehört aber auch, dass der Weg zur allgemein akzeptierten Entscheidung beträchtliche Kompromisse erfordert. „Ein Kompromiss ist, wenn es beiden Seiten wehtut", sagte mir hierzu einmal ein Geschäftsführer. Leider ist das Ergebnis solcher Entscheidung häufig der kleinste gemeinsame Nenner. Also eine Entscheidung, die jeder akzeptieren kann, aber niemanden wirklich zufriedenstellt. Erschwerend kommt hinzu, dass der Weg zur Einigung meist ein zäher, langwieriger Prozess ist.

Abwägungen kollektiver Entscheidungen hinsichtlich Komplexität

Kollektive Entscheidungsprozesse sind für eine Führungskraft im Alltag sehr wichtig. Sie beinhalten viele Aspekte, die für die Lösung komplexer Fragen essenziell sind: Die Informationsbasis ist höher, da verschiedene Mitglieder unterschiedliche Informationen und Perspektiven einbringen; die Akzeptanz des Ergebnisses ist bei kollektiv getroffenen Entscheidungen meist größer; und die Last der Entscheidungsfindung wird auf mehreren Schultern verteilt. Dies reduziert den Druck auf Einzelpersonen. Dem gegenüber sind häufig beschriebene Herausforderungen die

- **Zeit- und Ressourcenintensität:** Die Einbeziehung vieler Beteiligter kann den Entscheidungsprozess verlangsamen und zusätzliche Ressourcen erfordern.
- **Konflikte und Meinungsverschiedenheiten:** Unterschiedliche Interessen und Perspektiven können zu Konflikten führen, die den Entscheidungsprozess erschweren.
- **Gruppendenken:** Die Tendenz, Konsens zu suchen, kann dazu führen, dass alternative Ideen nicht ausreichend geprüft werden.
- **Überforderung durch Komplexität:** Die Vielzahl der eingebrachten Informationen und Meinungen kann den Entscheidungsprozess verkomplizieren und zu Überforderung führen.

Im letzten Punkt entsteht ein logischer Rückkopplungseffekt: Gerade wegen eines komplexen Problems wird gerne in der Praxis ein kollektiver Entscheidungsprozess eingebunden. Aber die Auseinandersetzung in der Gruppe erhöht ihrerseits die Komplexität der Lösungsfindung. Hinzu kommt, dass der Aspekt der Zeit- und Ressourcenintensität hier vielleicht als einer neben drei anderen Punkten steht, er aber wirklich umfangreiche Auswirkungen auf einen Entscheidungsprozess hat. Diesen kann man nicht stark genug betonen. Wir alle kennen den Kampf gegen die Uhr bei der Erledigung unserer Aufgaben. Ohne Deadline würden die wenigsten Projekte abgeschlossen werden. Nicht selten werden Entscheidungen unter Zeitdruck gefällt. Interessanterweise berichten viele Führungskräfte, dass dies nicht zu unbedingt schlechteren Entscheidungen geführt habe. Wenn es also Entscheidungen gibt, die unter Zeitdruck getroffen nicht zu schlechteren Ergebnissen führen, könnte man sich als Führungskraft fast die Frage stellen, wie man in seinem Team den Zeitdruck so erhöhen kann, dass auch umfassendere Entscheidungen unter diesem Leitgedanken schneller getroffen werden. Dieser Gedanke ist zugegeben provokant. Aber vielleicht hat der ein oder andere schon einmal erlebt, dass seine Führungskraft dies versucht an den Entscheidungsprozessen seines Teams auszutarieren.

Herausforderungen antizipieren und ins Handeln integrieren

Zugegebenermaßen hängt die Karotte hier tief. Während andere Teamleiter sich abmühen kniffelige Entscheidungsprozesse zu einem guten Ergebnis zu führen, ist es doch verlockend mit seinem Team schneller sein zu können. Ein Weg, um herauszufinden, ob eine Entscheidung gut war, ist natürlich sich das Ergebnis anzuschauen. Im Laufe der Zeit zeigt sich häufig, ob sie richtig oder falsch war. Aber dieser Ansatz nutzt der Führungskraft zum heutigen Zeitpunkt wenig. Hinterher ist man einfach immer schlauer. Hinzu kommt, dass es riskant ist, nur auf Rückblicke zu setzen, weil die Erinnerung oft trügt. Um sich trotzdem bestmöglich für Entscheidungsfindungen vorzubereiten hat Martin Moore (2022) verschiedene Facetten beleuchtet, die im Folgenden vorgestellt und eingeordnet werden.

* **Verschiedene Standpunkte berücksichtigen**
  Natürlich kann man in kollektiven Entscheidungsprozessen nicht immer alle Beteiligten ins Boot holen. Dies heißt aber auch nicht, dass

Entscheidungen im Alleingang getroffen werden sollten. Um die best-mögliche Wahl zu treffen, ist es wichtig, sich mit denjenigen aus-zutauschen, die wirklich etwas beizutragen haben. Aus Sicht der Führungskraft sollten die *richtigen* Fachleute ihre Sichtweise einbrin-gen, um zu helfen, die eigene Perspektive zu erweitern und die beste Entscheidung zu treffen.

- **Basis nicht aus dem Auge verlieren**
  Die Menschen, die nahe am Geschehen sind, wissen häufig mehr zu einer Frage beizutragen als die KollegInnen im Besprechungsraum nebenan. Gemeint sind hier die wahren Experten – also den Mitarbeitenden, die direkt an den Aufgaben arbeiten und die meiste Erfahrung und Nähe zum Problem haben. Die Hierarchieebene ist hier nicht unbedingt der beste Indikator für wertvolle Gespräche.
- **Auswirkungen von Lösungsansätzen berücksichtigen**
  Entscheidung unter Unsicherheit sind meist auch mit Risiken und möglichen Folgen der Entscheidungen verbunden. Bei der Beurteilung von Entscheidungsalternativen sollte in Szenarien gedacht werden, die auch die Konsequenzen der Entscheidungen klar herausarbeiten. Selbst bei einfachen Entscheidungen, wie der Anpassung eines Projektumfangs, sollten die Auswirkungen auf Budget, Ressourcen, Zeitplan, Qualität und Kundenzufriedenheit im Blick behalten werden.
- **Kurzfristigen und langfristigen Nutzen ausbalancieren**
  Es ist verlockend an den kurzfristigen Nutzen von Entscheidungen zu denken. Je langfristiger wir planen, desto mehr Unsicherheiten können die Entscheidungswirkung beeinflussen. Führungskräfte lassen sich von kurzfristigen Ergebnissen schnell beeindrucken, vor allem, wenn sie daran gemessen werden. Natürlich ist es wichtig schnelle positive Ergebnisse mit einer Entscheidung zu erzielen – das stärkt auch das Commitment des eigenen Teams. Allerdings ist das Ausbalancieren mit langfristigen Überlegungen mindestens genauso wichtig. In Szenarioanalysen können beide Ausrichtungen sehr übersichtlich betrachtet werden.
- **Kommunikation mit Stakeholdern nicht unterschätzen**
  Vielleicht muss bei kollektiven Entscheidungen nicht jedes Organisationsmitglied am Entscheidungsprozess beteiligt sein, aber grundsätzlich sollten alle das Ergebnis akzeptieren. Erfolgreiche

Führungskräfte erklären daher insbesondere einflussreichen Stakeholdern klar und einfach, warum und wie man mit seinem Team entschieden hat. Dabei geht es nicht darum, Zustimmung oder Konsens zu erzielen, sondern sicherzustellen, dass Beteiligte im Bilde über größere Unternehmensentscheidungen sind.

• **Entscheidungen schnell treffen**
Geschwindigkeit ist ein wichtiges Attribut im Berufsalltag. Natürlich sollten Entscheidungen schnell getroffen werden. Aber nicht um jeden Preis. Über Heuristiken und Erfahrung kann eine erfahrene Führungskraft leichter den Umfang einer Entscheidung überblicken und die wesentlichen Elemente einer guten Entscheidung verstehen. Anstatt jeden nach seiner Meinung zu fragen, sollte man sich Feedback nur von denen einholen, die wirklich etwas beitragen können. Daher sollten Führungskräfte nicht erst auf allgemeine Zustimmung warten, sondern auf eigene Bewertungen setzen, um eine gute Entscheidung zu treffen.

Diese Überlegungen beziehen viele Aspekte der Komplexitätsreduktion aus dem vorherigen Abschnitt mit ein. Aber diese Hinweise sind nicht immer direkt umsetzbar. Viele Führungskräfte zögern bei Entscheidungen aus Angst vor Fehlern oder negativer Kritik. Wie intensiv sie sich mit einer Entscheidung befassen, sollte natürlich vom Risiko abhängen, denn nicht jede Entscheidung benötigt die gleiche umfassende Abwägung wie die andere. Die Einschätzung des Risikos entscheidet, wie aufwendig ein Entscheidungsprozess ausgestaltet werden muss.

Umgang mit Gruppendynamiken: Gruppendenken & Konformität

Bereits vor über 30 Jahren beschäftigte sich der Psychologe Irving Janis (1972, 1982) mit Gruppendynamiken und insbesondere **Gruppendenken**. Er und weitere Forscher untersuchten, warum Gruppen oft nachteilige Entscheidungen treffen, obwohl die Risiken klar sind. Dabei betrachteten sie historische Fehlentscheidungen in der US-Geschichte und überlegten, warum Führungspersonen manchmal gegen ihr eigenes Interesse handeln und Entscheidungen treffen. Beispiele hierfür sind das amerikanische Scheitern im Vietnamkrieg, der missratene Invasionsversuch der Kennedy-Regierung in der Schweinebucht und die Watergate-Affäre. Ebenfalls analysierte Whyte (1989), ob diese Entscheidungen einem bestimmten Muster folgen oder einfach unglückliche Fehler waren. Er bot in seiner Studie eine andere Perspektive an und vermutete, dass Gründe im Entscheidungsfindungsprozess auch etwas mit der Polarisierung der Ergebnisaussichten zu tun haben. Er bezog sich hierbei neben dem Uniformitätsdruck des Gruppendenkens auch auf die Aspekte von Framing-Effekten und der Risikobereitschaft für Verluste, die eine Entscheidung mit sich bringt.

Gruppendenken

Eine Situation, in der der Wunsch nach Einigkeit in einer Gruppe dazu führt, dass die Gruppe suboptimale Entscheidungen trifft, weil kritische Meinungen unterdrückt oder ignoriert werden. Dies geschieht oft, wenn die Gruppe stark kohäsiv ist, unter Zeitdruck steht oder von einem autoritären Führungsstil dominiert wird.

Wir wissen also nun, *dass* der Wunsch nach **Konformität** in einer Gruppe zu irrationalen oder dysfunktionalen Entscheidungen führen kann. Aber *wie* ist damit aus Führungssicht umzugehen? In der Literatur wird eine Reihe von möglichen Ansatzpunkten angeboten. Hierzu zählen die Förderung einer offenen Diskussionskultur, die Etablierung von formellen Feedback-Schleifen, Förderung von heterogenen Teams, Schwachstellenanalyse, und die regelmäßige Überprüfung von Entscheidungen. Insbesondere die letzten beiden Aspekte haben sich in der Praxis bewährt:

- **Schwachstellenanalyse (ex ante)**: Hierbei werden ein oder mehrere Mitglieder damit beauftragt, potenzielle Schwachstellen einer anstehenden Entscheidung zu identifizieren und alternative Sichtweisen einzubringen.
- **Regelmäßige Überprüfung von Entscheidungen (ex post)**: Getroffene Entscheidungen sollten regelmäßig überprüft werden, um zu bewerten, ob die Annahmen und Schlussfolgerungen, die zu den Entscheidungen geführt haben, weiterhin gültig sind. Diese Über-

prüfung sollte von unabhängigen Gremien durchgeführt werden, um eine objektive Beurteilung sicherzustellen.

Insbesondere durch die systematische Anwendung der beiden letzten Aspekte können Führungskräfte das Risiko von Groupthink minimieren und eine zielgerichtetere Entscheidungsfindung fördern.

Konformität

Konformität beschreibt das Phänomen, dass Individuen ihre Meinungen und Entscheidungen an die Gruppe anpassen, oft aus dem Wunsch heraus, Teil der Gemeinschaft zu bleiben oder soziale Konflikte zu vermeiden.

Neben dem Gruppendenken kann auch Konformität die Gruppendynamik beeinflussen. Die Experimente an der Harvard University vom Psychologen Solomon Asch (1955) haben schon früh zur Konformität gezeigt, dass sozialer Druck einen starken Einfluss auf individuelle Entscheidungen haben kann. Dies nimmt natürlich auch Raum in kollektiven Entscheidungen ein.

Konformitätsexperiement von Solomon Asch

Asch untersuchte in seinen Experimenten, welche Macht soziale Einflüsse auf individuelle Entscheidungen haben. Er brachte Gruppen von sieben bis neun männlichen Teilnehmern zusammen, wobei alle bis auf einen der Teilnehmer Komplizen des Versuchsleiters waren. Die Aufgabe war einfach: den Teilnehmern wurden zwei Karten gezeigt, auf einer befand sich eine einzelne Linie, auf der anderen drei Linien unterschiedlicher Länge. Die Teilnehmer sollten die Linie auf der ersten Karte mit einer der drei Linien auf der zweiten Karte vergleichen und diejenige auswählen, die gleich lang war.

Da die Aufgabe sehr klar und leicht zu lösen war, erwartete man, dass die Teilnehmer durchweg die richtige Antwort geben würden. In den Versuchsreihen, in denen die Komplizen absichtlich falsche Antworten gaben, wurde jedoch der soziale Einfluss getestet. Der echte Teilnehmer antwortete entweder als letzter oder in der Mitte, nachdem er die (falschen) Antworten der anderen gehört hatte. Asch stellte fest, dass etwa 75 % der Teilnehmer mindestens einmal der Mehrheit zustimmten, obwohl die richtige Antwort offensichtlich war.

Dieses Experiment zeigte, wie stark der Gruppenzwang auf Einzelpersonen wirken kann, selbst wenn es sich um einfache und klare Entscheidungen handelt. Viele Teilnehmer gaben später an, dass sie wussten, dass die Antworten der Gruppe falsch waren, sich aber dennoch angepasst hatten, um nicht aufzufallen oder als „anders" zu gelten. Aschs Forschung verdeutlichte wichtige psychologische Mechanismen, die hinter Konformität stehen. Diese beinhalten das Bedürfnis nach sozialer Akzeptanz und die Angst vor Ablehnung. Nach Asch sind Menschen somit oft bereit, ihre eigenen Überzeugungen und Wahrnehmungen zu ignorieren, um sich der Mehrheit anzupassen, was weitreichende Implikationen für das Verständnis sozialer Dynamiken hat.

Das Asch-Konformitätsexperiment wurde im Laufe der Jahre mehrfach repliziert und in verschiedenen Variationen durchgeführt, um seine Gültigkeit und die zugrunde liegenden Mechanismen weiter zu erforschen. Hierbei fielen folgende Varianten auf:

• **Veränderung der Gruppengröße:** In einigen Variationen des Experiments wurde die Gruppengröße verändert, um zu sehen, wie sich die Anzahl der Personen, die die falsche Antwort gaben, auf das Konformitätsverhalten auswirkte. Forscher stellten fest, dass Konformität zunimmt, wenn die Anzahl der Komplizen steigt, jedoch ab einer Gruppe von etwa drei bis vier Personen kaum noch zunimmt.
• **Einstimmigkeit der Gruppe:** Eine weitere Variation untersuchte, was geschieht, wenn die Gruppe nicht einstimmig ist. Stanley Milgram (1961) fand heraus, dass selbst eine kleine Minderheit, die nicht konform ging, die Konformität stark verringern konnte. Dies zeigt, wie wichtig soziale Unterstützung für das Widerstehen von Gruppenzwang ist.
• **Einfluss von Kultur:** Spätere Replikationen in unterschiedlichen kulturellen Kontexten zeigten, dass die Neigung zur Konformität je nach kulturellem Hintergrund variieren kann. So fanden Bond und Smith (1996) in ihrer Meta-Analyse von 133 Asch-artigen Konformitätsexperimenten in 17 Ländern heraus, dass die Konformitätsrate in kollektivistischen Kulturen höher ist als in individualistischen Kulturen, was den Einfluss kultureller Werte auf das Konformitätsverhalten verdeutlicht.

Insgesamt haben diese Variationen und Replikationen Aschs grundlegende Erkenntnisse bestätigt und erweitert, was die Beständigkeit und die tief verwurzelten Mechanismen von Konformitätsverhalten unterstreicht. Übertragen wir dieses individuale Verhalten auf Gruppenentscheidungen, stellt sich für die Führungskraft die wichtige Frage, wie einerseits positive Aspekte der Konformität und des Gruppendenkens gefördert werden können, und wie nachteilige Aspekte reduziert oder zumindest gesteuert werden können. Dies wird im folgenden Kapitel mit Hilfe einer entscheidungsorientierten Führungstheorie entwickelt.

Zwischenfazit

Führungskräfte müssen bei Entscheidungsprozessen eine immense Komplexität bewältigen. Entscheidungen, die langfristige Auswirkungen auf Unternehmen und Stakeholder haben, erfordern nicht nur datenbasierte Analysen, sondern auch individuelles Erfahrungswissen aus vorausgegangenen Entscheidungen. Verschiedene Entscheidungstheorien bieten Erklärungsansätze für das Verhalten unter Unsicherheiten und Risiken. Heuristiken, wie die Verfügbarkeits- und Repräsentativitätsheuristik, beeinflussen oft die Entscheidungsfindung und können zu Verzerrungen führen. Auch Biases wie der „Confirmation Bias" und „Anchoring Bias" sind häufig und können die Entscheidungsqualität beeinträchtigen. Führungskräfte und deren Teams sollten sich im Findungsprozess über diese Einflüsse bewusst sein. Zudem sind Werkzeuge zur Komplexitätsreduktion essenziell, um Entscheidungsprozesse zu strukturieren und handlungsfähig zu bleiben. Dabei bergen Vereinfachungen, wie Framing oder Schätzungen, das Risiko von Verzerrungen, während Instrumente wie Entscheidungsbäume und Szenarioanalysen helfen, die Komplexität in beherrschbare Schritte zu unterteilen. Ein großer Anteil an betrieblichen Entscheidungen stellen kollektive Entscheidungsprozesse dar. Für die Führungskraft ermöglichen sie zwar den Einbezug unterschiedlicher Perspektiven und die Ver- und Aufteilung der Verantwortung. Jedoch erfordert die Zusammenarbeit auch ein hohes Maß an Führungsfähigkeiten, um Risiken wie Gruppendenken und Konformität zu vermeiden.

Literatur

Asch, S. E. (1955). Opinions and social pressure. *Scientific American, 193*(5), 31–35.

Aumann, R. J. (1976). Agreeing to disagree. *The Annals of Statistics, 4*(6), 1236–1239.

von Bertalanffy, L. (1972). The history and status of general systems theory. Academy of Management Journal, *15*(4), 407–426.

Bond, R., & Smith, P. B. (1996). Culture and conformity: A meta-analysis of studies using Asch's (1952b, 1956) line judgment task. *Psychological Bulletin, 119*(1), 111.

Harari, Y. N. (2017). *Homo deus: a brief history of tomorrow*. Harper.

Janis, I. L. (1972). *Victims of groupthink*. Houghton Mifflin.

Janis, I. L. (1982). *Groupthink*. Houghton Mifflin.

Joseph, J., & Gaba, V. (2020). Organizational structure, information processing, and decision-making: A retrospective and road map for research. *Academy of Management Annals, 14*(1), 267–302.

Kahneman, D., & Tversky, A. (1979). Prospect theory: An analysis of decision under risk. *Econometrica, 47*(2), 363–391.

Kolmogorov, A. N. (1956). *Foundations of probability theory*. Chelsea.

Laplace, P. S. (1820). *Théorie analytique des probabilités*. Courcier.

Lattuch, F. (2024). *Führung interdisziplinärer Teams: Ergebnisorientiertes Handeln in komplexen Situationen*. Springer.

Lattuch, F., & Young, S. (2011). Young professional's perceptions toward organizational change. *Leadership, and Organization Development, 32*(6), 605–627.

Laux, H., & Liermann, F. (2005). Grundlagen der Organisation: Die Steuerung von Entscheidungen als Grundproblem der Betriebswirtschaftslehre. Springer-Verlag.

Laux, H., Gillenkirch, R. M., & Schenk-Mathes, H. Y. (2018). *Entscheidungstheorie*. Springer.

Luhmann, N. (1984). *Soziale Systeme. Grundriß einer allgemeinen Theorie*. Suhrkamp.

Milgram, S. (1961). Nationality and conformity. Scientific American, *205*(6), 45–51.

Moore, M. G. (2022, March 22). How to make great decisions. Quickly, *Harvard Business Review*.

Nash, J. F. (1950). Equilibrium points in n-person games. *Proceedings of the national academy of sciences, 36*(1), 48–49.

Neffe, C., Wilderom, C., & Lattuch, F. (2024). Family firm performance through transformational CEO leadership and familiness-related team forces. *Leadership & Organization Development Journal, 45*(6), 992–1010.

Pech, R. J. (2001). Reflections: termites, group behaviour, and the loss of innovation: conformity rules! *Journal of Managerial Psychology, 16*(7), 559–574.

Popper, K. R. (1979). *Die beiden Grundprobleme der Erkenntnistheorie.* Aufgrund von Manuskripten aus den Jahren 1930–1933 (Hrsg. von Hansen, T. E.). Mohr.

Savage, L. J. (1954). *The foundations of statistics.* Wiley.

Simon, H. A. (1959). Theories of decision-making in economics and behavioral science. *The American Economic Review, 49*(3), 253–283.

Tannenbaum, R., & Schmidt, W. (1973). How to choose a leadership pattern. *Harvard Business Review, 51,* 162–180.

Tversky, A., & Kahneman, D. (1974). Judgment under Uncertainty: Heuristics and Biases. *Science, 185*(4157), 1124–1131.

Von Neumann, J., & Morgenstern, O. (1947). *Theory of games and economic behavior.* Princeton University Press.

Von Nitzsch, R. (2024). *Entscheidungslehre: wie Menschen entscheiden und wie sie entscheiden sollten.* Springer.

Vroom, V., & Yetton, P. W. (1973). *Leadership and decision-making.* University of Pittsburgh Press.

Whyte, G. (1989). Groupthink reconsidered. *Academy of Management Review, 14*(1), 40–56.

Aspekte einer Führungstheorie: Entscheidungen gestalten

Zusammenfassung Kognitive und emotionale Prozesse beeinflussen die Entscheidungsfindung von Führungskräften und deren Teams. Systematische Denkfehler können im Alltag schnell zu irrationalen Entscheidungen führen. Emotionen spielen ebenfalls eine zentrale Rolle, da sie sowohl positive Effekte wie Kreativität fördern als auch negative Verzerrungen erzeugen können. Erfolgreiche Führungskräfte scheinen über eine emotionale Intelligenz zu verfügen, mit der sie sowohl ihre eigenen Emotionen als auch die ihrer Teams erkennen, verstehen und regulieren können. Auch verhaltensökonomische Ansätze wie die Affektheuristik und Verlustaversion verdeutlichen, dass Emotionen besonders in unsicheren Situationen die Entscheidungsfindung dominieren können. Hieraus lassen sich Anforderungen an die Anwendung von transformationalen und transaktionalen Führungsverhalten ableiten, die vorgestellt und kritisch diskutiert werden.

1   Kognitive Perspektiven im Entscheidungsprozess

Die kognitive Perspektive im Entscheidungsprozess bietet wertvolle Einsichten in die Denkstrukturen, die hinter den Entscheidungen von Führungskräften stehen. Dazu hilft sie auch besser zu verstehen, wie solche Entscheidungsprozesse in ihren Teams besser gesteuert werden können. Konkret bedeutet dies, dass wir auf die mentalen Prozesse bezugnehmen, die bei der Wahrnehmung, Verarbeitung, Speicherung und Abruf von Informationen eine Rolle spielen. In der Entscheidungsfindung umfasst dies die Art und Weise, wie Führungskräfte Informationen aufnehmen, interpretieren, bewerten und darauf basierend handeln. Hierbei stehen insbesondere Prozesse wie Aufmerksamkeit, Gedächtnis, Problemlösung und Urteilsbildung im Mittelpunkt.

Erklärungsansätze für irrationales Entscheiden

Für eine Führungskraft sind die oben genannten Aspekte interessant, da sie dadurch ein Verständnis für ihre eigenen kognitiven Prozesse entwickeln und die eigene Entscheidungsfähigkeit verbessern kann. Dazu zählt auch sich über systematische Denkfehler bewusst zu sein, die im Alltag unsere Einschätzung von Situationen verzerren können (Acciarini et al., 2021; Pitelis und Wagner, 2019). Im ersten Kapitel wurden diese bereits beschrieben und konzentrieren sich im Berufsalltag auf Bestätigungsfehler (Confirmation Bias), die Ankerheuristik (Anchoring Bias) und die Verfügbarkeitsheuristik (Availability Heuristic). Aber auch die Ambiguitätsaversion kann hier eine Rolle spielen – also die Tendenz eine sichere Option gegenüber einer unsicheren vorzuziehen, selbst wenn dies irrational ist. In der Literatur wird hier gern das **Ellsberg-Paradoxon** genannt. Daniel Ellsberg (1961) führte ein Experiment zur Irrationalität bei Entscheidungen durch. Er bot Probanden die Wahl zwischen zwei Urnen mit jeweils roten und schwarzen Kugeln an. In der ersten Urne befanden sich genau 50 rote und 50 schwarze Kugeln, während die Zusammensetzung der zweiten Urne unbekannt war. Die Probanden sollten wählen, aus welcher Urne sie eine Kugel ziehen möchten, um einen Preis zu gewinnen, wobei die meisten bevorzugten, aus der Urne mit den bekannten Wahrscheinlichkeiten zu ziehen, obwohl rationale Überlegungen keine klare Präferenz für eine der beiden Urnen nahelegten. Die Probanden mieden also Unsicherheit, selbst wenn dies nicht rational begründet war. Übertragen auf eine Unternehmensentscheidung wird dieses Paradox deutlich:

Beispiel für Ambiguitätsaversion (Ellsberg-Paradoxon)

Ein produzierendes Unternehmen ist in einem wettbewerbsintensiven Markt aktiv. Bereits seit einem halben Jahr verzeichnet es stark rückläufige Umsätze. Die Geschäftsführung muss nun mit der Leitung F&E, der Leitung Vertrieb sowie der Leitung Produktion entscheiden, welche Impulse für die zukünftige Produktentwicklung gesetzt werden sollen und können. Dabei steht das Team vor der Entscheidung, ob ein neues, ungetestetes Produkt auf den Markt gebracht oder stattdessen ein bewährtes Produkt weiterentwickelt werden soll.

Die Geschäftsleitung verspürt eine innere Zerrissenheit: Auf der einen Seite bietet das neue Produkt das Potenzial für bahnbrechende Erfolge und erhebliche Marktgewinne. Es könnte dem Unternehmen einen entscheidenden Wettbewerbsvorteil verschaffen und neue Kundenkreise erschließen. Doch dieses Potenzial ist mit Unsicherheiten behaftet: Wird das Produkt am Markt angenommen? Wie reagieren Konkurrenten? Welche unvorhergesehenen Probleme könnten auftreten? Auf der anderen Seite steht das bewährte Produkt, das zwar kein spektakuläres Wachstum verspricht, dafür aber Stabilität bietet. Die Risiken sind überschaubar, die bisherigen Verkaufszahlen und Marktrückmeldungen verlässlich. Die Weiterentwicklung dieses Produkts könnte die Marktposition des Unternehmens festigen, ohne dass große Unwägbarkeiten im Spiel sind. Nach intensiver Diskussion entscheidet sich die Geschäftsleitung, trotz des verlockenden Potenzials des neuen Produkts, für die Weiterentwicklung des bewährten Produkts.

Die Entscheidung in diesem Beispiel reflektiert die oben beschriebene Handlungsweise, die Sicherheit und Stabilität über den möglichen Gewinn stellt. Sie zeigt, wie stark das Bedürfnis nach Kontrolle und Vorhersehbarkeit in Entscheidungssituationen ausgeprägt ist. Streng genommen geht es daher in der Geschäftsleitung um weit mehr als nur um Umsätze und Wachstumschancen. Es geht um die grundsätzliche Frage, wie man in der Geschäftsleitung mit Unsicherheit umgeht und welche Rolle Risiko in der Unternehmensstrategie spielt oder spielen sollte.

Irrationales Verhalten wird auch im vielbeachteten **Ultimatum-Spiel** deutlich. Werner Güth, Rolf Schmittberger und Bernd Schwarze (1982) führten hierzu die ersten wichtigen Experimente durch. Dieses Spiel beschreibt, dass uns Fairness und Gerechtigkeit in unseren Entscheidungen wichtig sind, und dass wir diese in unsere Entscheidungsprozesse miteinbeziehen. Hintergrund des Ultimatum-Spiels ist ein Experiment, bei dem zwei Spieler über die Aufteilung einer Geldsumme entscheiden. Der erste Spieler schlägt eine Aufteilung vor, während der zweite Spieler das Angebot entweder akzeptieren oder ablehnen kann. Akzeptiert der zweite Spieler, wird das Geld gemäß dem Angebot aufgeteilt; lehnt er ab, gehen beide leer aus. In dem nachfolgenden Beispiel wird dabei deutlich, dass Entscheider durchaus unfaire Angebote ablehnen, selbst wenn es im wirtschaftlichen Interesse wäre, sie anzunehmen.

Beispiel für den Einfluss von Fairness in Entscheidungen: Das Ultimatum Spiel

Ein mittelständisches Unternehmen hat eine neue Software-Lösung entwickelt, die erhebliches Umsatzpotenzial für die gesamte Branche verspricht. Die Geschäftsführung dieses Unternehmens steht nun vor der Aufgabe, einen wichtigen Kooperationsvertrag mit einem großen, renommierten Partnerunternehmen auszuhandeln. Dabei geht es um die Verteilung der zukünftigen Einnahmen aus dem gemeinsamen Produkt.

Das Partnerunternehmen, das über weitreichende Vertriebskanäle verfügt, wird von der Geschäftsführung als Schlüssel zum Erfolg angesehen. Die Geschäftsführung schlägt daher eine Gewinnverteilung von 70 % für das Partnerunternehmen und 30 % für das eigene Unternehmen vor, obwohl die eigene Software-Entwicklung den größeren Teil des Werts liefert. Das Partnerunternehmen jedoch hält diese Verteilung für ungerecht und fordert 80 %, droht aber gleichzeitig, den Deal platzen zu lassen, wenn seine Bedingungen nicht akzeptiert werden.

Dies erhöht den Druck auf die Geschäftsführung ungemein. Sie muss nun entscheiden, ob sie dem hohen Anspruch des Partnerunternehmens nachgibt, um den Deal zu sichern, oder ob sie ein faires Angebot macht und das Risiko eingeht, dass der Deal eventuell platzt. Trotz der Bedeutung des Deals und der Angst, ihn zu verlieren, könnte die Geschäftsführung sich entscheiden, dem Druck nicht nachzugeben, weil sie das Angebot mit 80 % als unverhältnismäßig hoch und daher als unfair empfindet. Wenn das Partnerunternehmen daraufhin den Deal ablehnt, gehen beide Parteien leer aus, obwohl sie in einer Kooperation profitieren könnten.

Dieses Beispiel verdeutlicht, dass Entscheidungen in Verhandlungssituationen nicht rein rational sind. Selbst wenn die wirtschaftliche Vernunft dafürspricht, dem höheren Anspruch des oben dargestellten Partnerunternehmens nachzugeben, spielt das menschliche Bedürfnis nach Fairness und Gerechtigkeit eine entscheidende Rolle. Der Kniff für diesen Mechanismus ist natürlich das Ultimatum. Ohne eine solche Botschaft könnten Verhandlungen sich unendlich lange hinziehen. Für den Entscheider ist es bei Verhandlungen somit wichtig, ob er das Einbeziehen eines Ultimatums wählt oder nicht. Unabhängig von wirtschaftlichen Interessen könnte das Gegenüber aus den Verhandlungen mit dem Argument der Fairness oder der „ich lasse mich nicht über den Tisch ziehen – Mentalität" oder anderen sozialen Normen aussteigen und beide Parteien würden sich schlechter stellen, als wenn sie der Zusammenarbeit zugestimmt hätten.

Die aufgeführten Erklärungsansätze für irrationales Entscheiden basieren auf psychologischen und kognitiven Verzerrungen (Abatecola et al., 2018). Beim Ellsberg-Paradoxon zeigt sich, dass Menschen Unsicherheit vermeiden und bekannte Risiken bevorzugen, was auf das Bedürfnis nach Kontrolle und Vorhersehbarkeit zurückzuführen ist. Entscheidungen werden somit oft nicht rein probabilistisch, sondern durch die Angst vor dem Unbekannten beeinflusst. Im Ultimatum-Spiel zeigt sich, dass Menschen Fairness und soziale Normen höher gewichten als reinen ökonomischen Gewinn. Angebote, die als unfair empfunden werden, werden häufig abgelehnt, selbst wenn dies zu einem wirtschaftlichen Verlust führt. Diese Reaktion basiert auf tief verankerten Gerechtigkeitsvorstellungen und emotionalen Reaktionen.

Für Führungskräfte haben diese Erklärungsansätze bedeutende Auswirkungen auf die Entscheidungsfindung. Unsicherheitsvermeidung kann dazu führen, dass Führungskräfte risikoreiche, aber potenziell gewinnbringende Optionen meiden, was strategische Chancen verpasst. Die Betonung von Fairness kann in Verhandlungen zu harten Positionen führen, die rationale Kompromisse verhindern. Insgesamt beeinflussen diese Verzerrungen die Fähigkeit einer Führungskraft, objektive und ausgewogene Entscheidungen zu treffen, da emotionale und psychologische Faktoren unbewusst das Urteil trüben.

Entscheidungstheoretische Ansätze in der Führung

In der Entscheidungstheorie kann grundsätzlich zwischen normativen und deskriptiven Entscheidungstheorien unterschieden werden (Bell et al., 1988). Die **normative Entscheidungstheorie** befasst sich mit der Frage, wie Entscheidungen unter der Annahme vollständiger Rationalität getroffen werden sollten. In der Führung kann diese Theorie als Idealmodell dienen, bei dem Entscheidungen auf der Grundlage von logischen und strukturierten Prozessen getroffen werden. So können Führungskräfte durch die Anwendung von Entscheidungstechniken wie der Nutzwertanalyse, Kosten-Nutzen-Analysen und Entscheidungsbäumen strukturierte und nachvollziehbare Entscheidungsprozesse implementieren.

Im Gegensatz zur normativen Theorie untersucht die **deskriptive Entscheidungstheorie**, wie Entscheidungen tatsächlich getroffen werden. Sie berücksichtigt die kognitiven Beschränkungen und Verzerrungen der Entscheidungsträger. Dabei wird erklärt, wie kognitive Ursachen zu Qualitätsverlusten in Entscheidungen führen können. Zum Beispiel kann die Wahrnehmung von Informationen durch unbewusste Vereinfachungen zu irrationalen Entscheidungen führen. Auch der Einfluss von Erwartungen auf den Entscheidungsprozess wird betrachtet. Das Gedächtnis spielt ebenfalls eine Rolle bei der Informationsverarbeitung und beeinflusst, welche Informationen abgerufen werden können. Wir wissen von uns selbst, dass wir begrenzte Aufmerksamkeitsressourcen haben. Unbewusst filtern wir daher Informationen. So neigen wir beispielsweise dazu, Beträge zu runden und geringe Unterschiede zu vernachlässigen, um unsere kognitiven Ressourcen zu schonen. Wenn man dies kritisch betrachtet, erkennt man schnell, dass dies zu Verzerrungen in unserer individuellen Informationsaufnahme führen kann.

Etablierte Führungstheorien mit Fokus auf kognitive Prozesse

Transformationale Führung und die transaktionale Führung sind zwei etablierte Führungstheorien, die wichtige Erklärungsansätze für eine

Führungskraft in Entscheidungsprozessen liefern können (Bass, 1999). Bei der **transformationalen Führung** fördert die Führungskraft Entscheidungsprozesse durch Inspiration, langfristige Visionen und Innovation. Dies führt zu einer flexiblen, zukunftsorientierten Denkweise. Im Gegensatz dazu konzentriert sich **transaktionale Führung** auf klare Ziele, Belohnungen und Sanktionierungen. Entscheidungen werden stärker auf kurzfristige Effizienz und messbare Ergebnisse ausgerichtet, oft in einem konservativen, risikovermeidenden Rahmen. Kreativität und langfristige Visionen treten zugunsten der Erreichung definierter Ziele und Stabilität in den Hintergrund. Die grundsätzlichen Eckpunkte dieser zwei Führungsstile sind in der Abb. 1 skizziert.

Welchen Einfluss haben nun aber diese Führungsstile auf das Treffen von Entscheidungen? Beide haben einen Einfluss auf die kognitiven Prozesse bei Entscheidungsfindungen. So betont die **transformationale Führungstheorie** die Rolle von Inspiration, Motivation und der Entwicklung von Mitarbeitern durch die Führungskraft. Transformationale Führungskräfte streben danach, ihre Mitarbeiter zu inspirieren und zu motivieren, über ihre eigenen Interessen hinauszugehen, um das Beste für das Unternehmen zu erreichen. Dieser Führungsstil kann die kognitiven Prozesse in mehrfacher Hinsicht beeinflussen:

Transformationale Führung	Transaktionale Führung
• **Inspirierende Vision**: Führungskräfte entwickeln und kommunizieren eine Vision, die Mitarbeitende motiviert und inspiriert.	• **Ziel- und Aufgabenorientierung**: Klare Definition von Zielen, Aufgaben und Rollen, um Leistungserwartungen eindeutig zu kommunizieren.
• **Individuelle Förderung**: Starke Förderung der individuellen Entwicklung und Berücksichtigung persönlicher Bedürfnisse der Mitarbeitenden.	• **Belohnung und Sanktionierung**: Mitarbeitende werden durch Belohnungen und Sanktionen motiviert, abhängig von der Leistung.
• **Motivation durch Sinnstiftung**: Motivation basiert auf der Vermittlung von Sinn und Zweck der Arbeit, um die intrinsische Motivation zu fördern.	• **Kontrolle und Überwachung**: Regelmäßige Kontrolle und Überwachung der Aufgaben, um die Einhaltung von Standards sicherzustellen.
• **Kreativität und Innovation**: Förderung von Kreativität, Offenheit für neue Ideen und Risikobereitschaft bei der Problemlösung.	• **Fokus auf Effizienz**: Priorisierung von Prozessen und Strukturen für eine effiziente Zielerreichung.
• **Charismatische Prägung**: Die Führungskraft wird oft als Vorbild wahrgenommen und inspiriert durch ihr Verhalten.	• **Kurzfristige Orientierung**: Konzentration auf kurzfristige Ziele und Ergebnisse, mit wenig Fokus auf langfristige Entwicklung.
• **Langfristige Orientierung**: Fokus liegt auf nachhaltigem Wachstum und der Entwicklung einer starken Unternehmenskultur.	• **Kontraktuelles Verhältnis**: Die Beziehung zur Führungskraft basiert auf klaren „Austauschbeziehungen" (z. B. Arbeit gegen Lohn), weniger auf persönlicher Bindung.

Abb. 1　Transformationale und transaktionale Führung

- **Erweiterte Perspektiven:** Transformationale Führungskräfte fördern das kritische Denken und ermutigen ihre Teams, innovative Lösungen zu finden. Dies kann helfen, kognitive Verzerrungen zu reduzieren, indem unterschiedliche Perspektiven und kreative Ansätze in die Entscheidungsfindung einfließen.
- **Emotionale Intelligenz:** Durch die Förderung von emotionaler Intelligenz können transformationale Führungskräfte emotionale Reaktionen besser verstehen und steuern. Dies ist besonders wichtig, um irrationale Entscheidungen, die durch Angst, Unsicherheit oder Fairnessbedürfnisse geprägt sind, zu vermeiden.
- **Vorbildfunktion und Einfluss:** Transformationale Führungskräfte beeinflussen die kognitiven Prozesse ihrer Mitarbeiter, indem sie als Vorbilder auftreten und positive Verhaltensweisen vorleben. Sie schaffen ein Umfeld, in dem rationales und reflektiertes Entscheiden gefördert wird.

Insgesamt sorgt transformationale Führung dafür, dass kognitive Prozesse bei Entscheidungsfindungen nicht nur durch rationale Überlegungen, sondern auch durch ethische Aspekte und die langfristigen Ziele des Unternehmens beeinflusst werden. Wir können also annehmen, dass diese Führungstheorie eine ausgewogene, reflektierte und ganzheitliche Entscheidungsfindung unterstützt.

Im Gegensatz zur transformationalen Führung basiert die **transaktionale Führungstheorie** auf einem System von Belohnungen und Sanktionierungen. Sie hat dabei ebenso einen wichtigen Einfluss auf die kognitiven Prozesse bei Entscheidungsfindungen, sowohl bei Führungskräften als auch bei ihren Mitarbeitern.

- **Konzentration auf kurzfristige Ziele:** Transaktionale Führung fördert die Ausrichtung auf klar definierte, kurzfristige Ziele, da Belohnungen (wie Boni, Anerkennung) an die Erreichung dieser Ziele gekoppelt sind. Dies beeinflusst kognitive Prozesse dahingehend, dass sowohl Führungskräfte als auch Mitarbeiter ihre Entscheidungen stark auf unmittelbare Ergebnisse und messbare Leistungen fokussieren. Langfristige Überlegungen und strategisches Denken können dadurch in den Hintergrund treten.

- **Rational-ökonomisches Denken:** Da Entscheidungen in einem transaktionalen Führungssystem oft auf den Kosten-Nutzen-Aspekt reduziert werden, entwickeln Führungskräfte und ihre Teams eine kognitive Denkweise, die auf Effizienz und Effektivität ausgerichtet ist. Entscheidungen werden verstärkt unter wirtschaftlichen Gesichtspunkten getroffen, wobei die emotionale und ethische Dimension der Entscheidungsfindung möglicherweise weniger berücksichtigt wird.

- **Verminderte Kreativität und Innovation:** In einem transaktionalen Umfeld, in dem die Einhaltung von Regeln und die Erfüllung festgelegter Erwartungen betont werden, könnten kognitive Prozesse weniger auf kreative Problemlösungen oder innovative Ansätze ausgerichtet sein. Führungskräfte und Mitarbeiter könnten dazu neigen, bewährte Verfahren zu bevorzugen, die sicher zu den gewünschten Belohnungen führen, anstatt Risiken einzugehen und neue Wege auszuprobieren.

- **Erhöhte Entscheidungsabsicherung:** Transaktionale Führung stärkt die Neigung, Entscheidungen abzusichern, da Fehler oder Misserfolge oft mit negativen Konsequenzen verbunden sind. Dies kann dazu führen, dass Führungskräfte konservativer entscheiden, Risiken vermeiden und sich stärker an vorgegebenen Strukturen orientieren, um negative Sanktionen zu vermeiden.

Insgesamt formt die transaktionale Führung eine Entscheidungsumgebung, in der kognitive Prozesse auf Effizienz, Zielerreichung und Risikovermeidung ausgerichtet sind. Dies kann zu einer Fokussierung auf kurzfristige Erfolge führen, während innovative und langfristig orientierte Denkansätze weniger gefördert werden.

> **Einfluss von transformationaler und transaktionaler Führung auf den Entscheidungsprozess**
>
> In einem Technologieunternehmen ist die Stabsstelle „Strategische Unternehmensentwicklung" direkt an der Geschäftsführung angesiedelt. Diese Stabsstelle wird von zwei Personen (Herr Küpper und Frau Dr. Schneider) geführt. Beide erhalten die Aufgabe unabhängig voneinander ein Team von 5 Personen im Unternehmen zusammenzustellen und über die Ein-

führung einer neuen Produktlinie neu zu befinden. Der Geschäftsführung sind verschiedene Positionen für die Entscheidungsfindung wichtig, weshalb Herr Küpper, mit seinem eher transaktionalen Führungsstil und Frau Dr. Schneider mit ihrem transformationalen Führungsstil für diese Aufgabe als genau richtig erachtet werden. Es überrascht daher nicht sehr, dass beide Personen unterschiedliche Ansätze zur Entscheidungsfindung verfolgen.

Das Team A wird von Herrn Küpper geleitet. Er setzt klare Ziele und Belohnungen für das Erreichen kurzfristiger Meilensteine. Im Entscheidungsprozess konzentriert sich das Team auf die Analyse unmittelbarer Kosten und potenzieller Gewinne. Die Diskussionen drehen sich hauptsächlich um messbare Daten wie Produktionskosten, Markteintrittszeit und kurzfristige Umsatzprognosen. Die Mitarbeiter sind darauf bedacht, Fehler zu vermeiden und bevorzugen bewährte Strategien, da sie wissen, dass Abweichungen von den Zielen sanktioniert werden könnten. Kreative Ansätze oder innovative Vorschläge werden weniger berücksichtigt, da das Team von Herrn Küpper auf Sicherheit und die Erfüllung der Vorgaben fokussiert ist.

Das Team B wird von Frau Dr. Schneider geleitet. Sie inspiriert das Team über den Tellerrand hinauszublicken und langfristige Visionen zu entwickeln. In ihren Diskussionen stehen strategische Überlegungen, Markttrends und potenzielle Innovationen im Vordergrund. Dr. Schneider ermutigt das Team, kreative Lösungen zu finden und Risiken einzugehen, um die Wettbewerbsfähigkeit des Unternehmens langfristig zu stärken. Die Mitarbeiter fühlen sich motiviert, ihre Ideen einzubringen, da sie wissen, dass ihre Beiträge wertgeschätzt werden. Der Entscheidungsprozess ist offener und explorativer, wobei zukünftige Möglichkeiten und die Vision des Unternehmens stark betont werden.

Als die beiden Teams ihre Überlegungen der Geschäftsführung vorstellen, wird deutlich, dass Team A zu einer konservativeren und risikoärmeren Entscheidung tendiert, während Team B eine visionäre und risikobereitere Option bevorzugt.

Das Beispiel zeigt, wie unterschiedliche Führungsstile die kognitiven Prozesse und somit das Entscheidungsverhalten der Teams beeinflussen können. Die Geschäftsführung wird die Ergebnisse beider Abteilungen sehr wahrscheinlich anhand mehrerer Kriterien bewerten, um eine fundierte Entscheidung zu treffen:

- **Risikomanagement**: Die Geschäftsführung prüft, wie die vorgeschlagenen Entscheidungen mit den Risikobereitschaften des Unternehmens übereinstimmen. Das konservative, risikoärmere Modell von Team A könnte als sicherer und stabiler angesehen werden, was in einem unsicheren Marktumfeld von Vorteil sein könnte.

- **Innovationspotenzial:** Die Visionen und langfristigen Möglichkeiten, die Team B präsentiert, könnten das Unternehmen langfristig in eine führende Marktposition bringen. Die Geschäftsführung wird abwägen, ob das Potenzial für nachhaltiges Wachstum die mit der Innovation verbundenen Risiken rechtfertigt.
- **Marktdynamik und Wettbewerb:** Die Entscheidung wird auch davon abhängen, wie dynamisch der Markt ist. In einem schnell wachsenden oder disruptiven Markt könnte das innovative und zukunftsorientierte Modell von Team B bevorzugt werden, um der Konkurrenz voraus zu sein. In einem stabilen Markt könnte das risikoaverse Modell von Team A passender sein.
- **Unternehmensstrategie und Vision:** Die Geschäftsführung wird entscheiden, welche der vorgeschlagenen Optionen besser zur langfristigen Unternehmensstrategie und Vision passt. Ist das Ziel des Unternehmens Wachstum und Marktführerschaft, könnte das Modell von Team B bevorzugt werden. Bei einer Strategie der Stabilität und Kosteneffizienz wäre das Modell von Team A attraktiver.

Bei all diesen Überlegungen ist aber eines festzuhalten: Weder der transaktionale noch der transformationale Führungsstil ist grundsätzlich überlegen. Sie haben unterschiedliche Stärken und Schwächen, die je nach Kontext variieren. Der transaktionale Stil sorgt für Effizienz, Konsistenz und Risikoabsicherung, was in stabilen, berechenbaren Umgebungen von Vorteil ist. Der transformationale Stil fördert Kreativität, Innovation und langfristiges Denken, was in dynamischen, wettbewerbsintensiven Märkten wichtig ist.

In unserem Beispiel hängt die optimale Führungsstrategie also von den spezifischen Anforderungen der Situation ab. Die Geschäftsführung wird abwägen, wie die aktuellen Marktbedingungen, die Unternehmensziele und die verfügbare Ressourcenbasis in den Kontext der Entscheidung passen.

Die vorangegangenen Überlegungen machen deutlich, dass die kognitive Perspektive ein wesentlicher Bestandteil einer **entscheidungsorientierten Führungstheorie** ist. Sie bietet wertvolle Einblicke in die mentalen Prozesse, die hinter der Entscheidungsfindung stehen, und hilft Führungskräften, ihre kognitiven Fähigkeiten bewusst zu nutzen, um bessere Entscheidungen zu treffen. Modelle der Psychologie oder Ansätze der Führungstheorie und Entscheidungstheorie bieten das wissenschaftliche Fundament, auf dem praktische Anwendungen aufbauen können. Es ist daher wichtig, dass Führungskräfte die kognitiven Prozesse hinter Entscheidungen besser verstehen und gezielt steuern.

2   Emotionale Perspektiven im Entscheidungsprozess

Während rationale und kognitive Ansätze oft im Mittelpunkt der Entscheidungsfindung stehen, sollten sich Führungskräfte auch damit auseinandersetzen, dass die emotionale Perspektive eine ebenso wichtige Rolle spielt. Emotionen beeinflussen nicht nur die Wahrnehmung und Bewertung von Informationen, sondern auch die Art und Weise, wie Führungskräfte Entscheidungen treffen und kommunizieren. Dieser Abschnitt beschreibt daher die Bedeutung der emotionalen Perspektive im Entscheidungsprozess und liefert Ansätze, wie Führungskräfte emotionale Faktoren gezielt nutzen können, um die Qualität ihrer Entscheidungen zu verbessern.

Emotionen

Emotionen sind komplexe psychologische Zustände, die durch eine Kombination von physiologischen Reaktionen, Gefühlen und Verhaltensweisen entstehen und durch persönliche Erfahrungen, Umweltfaktoren und soziale Interaktionen beeinflusst werden. Sie können Freude, Angst, Wut, Trauer, Stolz, Scham und viele andere Formen annehmen und spielen eine zentrale Rolle in der menschlichen Wahrnehmung und Entscheidungsfindung.

Die emotionale Perspektive im Entscheidungsprozess betrachtet hierbei, wie Gefühle und emotionale Zustände die Entscheidungsfindung beeinflussen. Wir alle kennen Emotionen wie Angst, Freude oder Wut und haben schon erlebt, wie sie die Wahrnehmung von Informationen, die Einschätzung von Risiken und Chancen sowie die letztendliche Entscheidung beeinflussen können. Nehmen wir zum Beispiel einen CEO, der ein lukratives Übernahmeangebot ablehnt, da es von einem langjährigen Rivalen kommt. Trotz finanzieller Vorteile lässt vielleicht Stolz die rationale Entscheidung in den Hintergrund treten.

Emotionen wirken sowohl direkt auf den Entscheidungsprozess als auch indirekt auf das Verhalten und die Interaktionen innerhalb eines Teams. Führungskräfte sind oft mit Situationen konfrontiert, in denen emotionale Intelligenz genauso wichtig ist wie analytische Fähigkeiten. Emotionale Zustände können die Entscheidungsfindung beeinflussen, indem sie die Art und Weise ändern, wie Informationen verarbeitet und interpretiert werden. Interessant ist dies, da Emotionen sowohl positive als auch negative Auswirkungen auf den Entscheidungsprozess haben können. Positive Emotionen wie Vertrauen und Begeisterung können die Kreativität und Problemlösungsfähigkeiten fördern, während negative Emotionen wie Angst und Stress zu verzerrten Wahrnehmungen und risikoscheuem Verhalten führen können.

Um es zu konkretisieren, werden im Folgenden eine Reihe von Emotionen und (kognitive) Einstellungen mit jeweils einem Beispiel aufgeführt, die einen Entscheidungsprozess negativ beeinflussen können:

- **Angst**: Aus Angst vor dem Scheitern traue ich mich nicht, die neue Geschäftsidee umzusetzen.
- **Wut**: Wegen meiner Wut auf den Kollegen entscheide ich impulsiv, das Projekt ohne Rücksprache zu ändern.
- **Scham**: Aus Scham über einen Fehler halte ich mich zurück, meine Ideen in der Besprechung zu teilen.
- **Frustration**: Aufgrund meiner Frustration über fehlende Unterstützung meiner Vorgesetzten entscheide ich mich, ein Projekt aufzugeben, bevor alle Möglichkeiten ausgeschöpft sind.
- **Enttäuschung**: Wegen meiner Enttäuschung über den Misserfolg entscheide ich, keine weiteren Risiken einzugehen.
- **Neid**: Neid verleitet mich dazu, eine Entscheidung gegen jemanden zu treffen, anstatt auf das Wohl des Teams zu achten.

- **Resignation**: Aus Resignation gebe ich mich mit einer mittelmäßigen Lösung zufrieden, anstatt nach einer besseren zu suchen.
- **Unzufriedenheit**: Unzufriedenheit mit der aktuellen Lage führt dazu, dass ich überstürzte Entscheidungen treffe, um schnelle Veränderungen herbeizuführen.
- **Misstrauen**: Mein Misstrauen gegenüber einem Kollegen führt dazu, dass ich seine Vorschläge ablehne, obwohl sie sinnvoll wären.
- **Überforderung**: In meiner Überforderung treffe ich keine Entscheidung, obwohl ich eigentlich nur Prioritäten setzen müsste.

Die folgenden Emotionen und (kognitive) Einstellungen können einen Entscheidungsprozess positiv beeinflussen:

- **Freude**: Meine Freude über den Fortschritt motiviert mich, weiterhin engagiert an der Aufgabe zu arbeiten.
- **Zufriedenheit**: Aus Zufriedenheit mit den bisherigen Ergebnissen entscheide ich mich, das aktuelle Vorgehen beizubehalten.
- **Vertrauen**: Durch mein Vertrauen in das Team entscheide ich mich, Verantwortung zu delegieren.
- **Begeisterung**: Meine Begeisterung für das Projekt lässt mich innovativ denken und kreative Lösungen vorschlagen.
- **Neugier**: Meine Neugier auf neue Technologien führt dazu, dass ich innovative Ansätze in meine Entscheidungen einfließen lasse.
- **Optimismus**: Optimistisch über die Erfolgsaussichten entscheide ich mich, eine neue Herausforderung anzunehmen.
- **Selbstvertrauen**: Mein Selbstvertrauen ermöglicht es mir, eine mutige Entscheidung zu treffen und hinter ihr zu stehen.
- **Humor**: Durch meinen Humor kann ich eine schwierige Situation auflockern und entscheide mich, dieser Situation auch etwas Positives abzugewinnen.
- **Offenheit**: Meine Offenheit gegenüber neuen Ideen führt dazu, dass ich alternative Wege in Betracht ziehe.
- **Besonnenheit**: Mit Besonnenheit analysiere ich die Situation in Ruhe und treffe eine wohlüberlegte Entscheidung.

Emotionale Intelligenz in der Führung

Emotionen spielen eine wichtige Rolle im Entscheidungsprozess. Diese als Führungskraft wahrzunehmen, zu verstehen und zu regulieren ist eine wichtige Kompetenz. Ein Konzept für diese Fähigkeit ist durch Daniel Goleman geprägt worden und als Emotionale Intelligenz in die Literatur eingegangen. Diese Fähigkeit ist wichtig für die Entscheidungsfindung, da sie beeinflusst, wie Führungskräfte auf emotionale Signale reagieren und wie sie emotionale Informationen in ihren Entscheidungsprozess integrieren. Im Gegensatz zu kognitiver Intelligenz, die eher die Fähigkeit zur Problemlösung und das analytische Denken beschreibt, bezieht sich emotionale Intelligenz auf die Fertigkeiten im Umgang mit emotionalen Herausforderungen und sozialen Interaktionen.

Emotionale Intelligenz in der Entscheidungsfindung

Die Fähigkeit eigene und fremde Emotionen wahrzunehmen, zu verstehen und zielgerichtet zu steuern. In Entscheidungsprozessen ermöglicht sie, emotionale Einflüsse bewusst zu berücksichtigen und impulsive Reaktionen zu vermeiden. Dadurch können Entscheidungen klarer, objektiver und in sozialen Kontexten angemessener getroffen werden. Menschen mit hoher emotionaler Intelligenz haben gute Voraussetzungen, um auch unter Stress und Unsicherheit reflektierte Entscheidungen zu fällen.

Führungskräfte mit hoher emotionaler Intelligenz können ihre eigenen Emotionen besser steuern und die Emotionen ihrer Teammitglieder besser erkennen und ansprechen. Hierdurch kann eine konstruktivere Entscheidungsfindung gefördert und Konflikte reduziert werden. Neffe et al. (2022) beschreiben darüber hinaus, dass emotionale Intelligenz durch gezieltes Training und Selbstreflexion weiterentwickelt werden kann, um die Entscheidungsqualität in der Führung zu verbessern. Sie wird häufig als Zusammenspiel von (a) *Selbstwahrnehmung* – die Fähigkeit, eigene Emotionen zu erkennen und zu verstehen, (b) *Selbstregulierung* – die Fähigkeit, Emotionen zu steuern und impulsive Reaktionen zu kontrollieren, (c) *soziales Bewusst-*

sein – die Fähigkeit, Emotionen anderer zu erkennen und zu verstehen und (d) *Beziehungsmanagement* – die Fähigkeit, Beziehungen effektiv zu steuern, Konflikte zu lösen und Zusammenarbeit zu fördern, gesehen. Ingram et al. (2019) wiesen darüber hinaus den Einfluss von emotionaler Intelligenz auf den Unternehmenserfolg nach.

Von Führungskräften wird immer stärker erwartet, dass sie mehr leisten als nur Entscheidungen auf Basis von Fakten und Zahlen zu treffen. Emotionale Intelligenz kann hier einen wichtigen Wertbeitrag leisten. In Bezug auf Entscheidungsprozesse wird die Relevanz emotionaler Intelligenz in den folgenden fünf Punkten deutlich:

- **Selbstwahrnehmung.** Führungskräfte sollten in der Lage sein, ihre eigenen Emotionen zu erkennen und zu verstehen, wie diese ihre Entscheidungen beeinflussen (Bratton et al., 2011). Eine hohe Selbstwahrnehmung hilft dabei, voreingenommene oder impulsive Entscheidungen zu vermeiden, die durch Stress oder andere negative Emotionen ausgelöst werden könnten.
- **Selbstregulierung.** In Krisensituationen ist die Fähigkeit zur Selbstregulierung besonders wichtig. Führungskräfte, die ihre Emotionen kontrollieren können, sind in der Lage, auch unter Druck klar zu denken und überlegt Entscheidungen zu treffen. Dies verhindert irrationales Handeln oder destruktives Verhalten.
- **Soziales Bewusstsein.** Führungskräfte mit einem hohen Maß an sozialem Bewusstsein können die Emotionen und Bedürfnisse ihrer Mitarbeiter besser verstehen und berücksichtigen. Nach Neffe et al. (2022) sind empathische Führungskräfte in der Lage, das Wohlbefinden ihrer Mitarbeiter zu fördern, was sich positiv auf deren Engagement, Motivation und letztlich auf die Unternehmensleistung auswirkt.
- **Teamentwicklung.** Eine effektive Führung erfordert die Fähigkeit, starke und vertrauensvolle Beziehungen aufzubauen. Emotionale Intelligenz ermöglicht es Führungskräften, Konflikte in Teams zu erkennen und konstruktiv zu lösen, bevor sie eskalieren. Führungskräfte können hier durch Vorbildfunktion und inspirierende Kommunikation ein Klima der Offenheit und Innovation fördern.

Wenn man sich diese Aspekte anschaut, überrascht es nicht, dass emotionale Intelligenz ein wesentlicher Bestandteil erfolgreicher Führung und Entscheidungsfindung ist. Führungskräfte, die über ein hohes Maß dieser Kompetenz verfügen, sind in der Lage, ihre eigenen Emotionen und die ihrer Mitarbeiter besser zu verstehen und zu steuern. Dies führt zu besseren Entscheidungen, klarer Kommunikation und stärkerem Teamzusammenhalt.

Verhaltensökonomie und Emotionen im Entscheidungsprozess

Auch die Verhaltensökonomie liefert wichtige Erklärungsansätze in eine emotionale Perspektive. Sie kann erklären, wie Menschen Entscheidungen treffen. Wichtig wird dies insbesondere bei Entscheidungen unter Unsicherheit. Wie bereits im vorherigen Abschnitt ausgeführt zeigt sich, dass Menschen häufig nicht rein rational handeln, sondern durch Emotionen und andere psychologische Faktoren beeinflusst werden (Brundin et al., 2022). Stellen wir uns eine Situation vor, in der eine Führungskraft das eigene Team für neugewonnene Aufgaben anders zuordnen soll. Der Teamleitung ist bekannt, dass diese ergänzenden Aufgaben tendenziell unbeliebt bei den Teammitgliedern sind. Und natürlich weiß sie so auch, dass nicht jedes Teammitglied bei neuen unliebsamen oder lästigen Aufgaben „Hurra!" rufen wird. Die Konsequenz der Entscheidung ist somit nicht durchgängig mit positiven Emotionen im Team verbunden und dies beeinflusst bereits die Entscheidung per se darüber, wer von diesen Aufgaben welche übernimmt. Hier wird deutlich, dass Emotionen im Entscheidungsprozess eine große Rolle spielen.

Aus Forschung und Praxis wissen wir, dass sich Menschen häufig von Angst, Freude, Unsicherheit, Frustration oder anderen emotionalen Aspekten aus ihrem Umfeld beeinflussen lassen. Insbesondere in komplexen oder unsicheren Situationen prägen Emotionen die Entscheidungsfindung deutlich mit. Diese emotionalen Reaktionen führen dazu, dass Menschen oft Verhaltensmuster zeigen, die von der idealtypischen Entscheidung abweichen. Ein bekannter Ansatz ist hier die **Affektheuristik**. Sie besagt, dass Menschen bei komplexen Entscheidungen oft auf ihre unmittelbaren emotionalen Reaktionen zurückgreifen, um eine schnelle Entscheidung zu treffen. Wenn eine Entscheidung beispielsweise als angenehm oder positiv wahrgenommen wird, ist die Wahrscheinlichkeit höher, dass man sie auch trifft. Wenn hingegen negative Emotionen im Spiel sind, zögern Menschen oder treffen suboptimale Entscheidungen. Diese Intuition kann in vielen Fällen nützlich sein, aber auch zu Fehlentscheidungen führen, besonders wenn es von kurzzeitigen oder unbegründeten Emotionen geleitet wird (Salas et al., 2010). Emotionen können auch die **Risikowahrnehmung** beeinflussen, da die Angst vor einem schlechten Ausgang einer Entscheidung dazu führen kann, dass Menschen Risiken überbewerten und zu vorsichtigen Entscheidungen neigen. Auf der anderen Seite können Euphorie oder übermäßiger Optimismus dazu führen, dass Risiken unterschätzt werden.

Die Verhaltensökonomik liefert aber auch Ansätze Emotionen für Entscheidungsprozesse zu nutzen. Emotionen wie Freude, Vertrauen oder Hoffnung können als positive Anreize dienen und Teams dazu bewegen, mutigere oder langfristig vorteilhaftere Entscheidungen für die Organisation zu treffen. Hier kann zum Beispiel das **Framing** eine wichtige Rolle übernehmen (Lattuch, 2024). Wir alle wissen, dass die Art und Weise wie Informationen präsentiert werden, auch Emotionen beeinflussen kann und damit die Entscheidung lenken. Eine Entscheidung, die in einem positiven Licht dargestellt wird, wird eher akzeptiert als dieselbe Entscheidung, die negativ geframt wird. Dies wird im nachfolgenden Beispiel deutlich.

Einfluss von Framing auf den Entscheidungsprozess

Ein Unternehmen plant die Einführung einer neuen Software zur Automatisierung bestimmter Arbeitsabläufe. Die gleiche Entscheidung kann je nach Darstellung sehr unterschiedlich wahrgenommen werden.

Positives Framing: Die neue Software wird uns dabei helfen, Arbeitsprozesse besser zu gestalten und wiederholende Aufgaben zu automatisieren. Dadurch entstehen weniger Routinearbeit für das Team und wir

> haben mehr Zeit für kreative und anspruchsvolle Projekte. Mit dieser Veränderung können wir unsere Produktivität steigern und die Arbeitszufriedenheit verbessern, da wir uns stärker auf strategische Aufgaben konzentrieren können.
>
> **Negatives Framing**: Mit der neuen Software werden viele bisher manuell durchgeführte Aufgaben automatisiert. Dadurch werden möglicherweise einige Stellen überflüssig. Diese Veränderung könnte zu Unsicherheiten und zusätzlichen Arbeitsbelastungen führen, da das Team sich in kurzer Zeit an neue Technologien anpassen muss. Auch könnten bisher bewährte Arbeitsabläufe und Prozesse gestört werden, was Fehler oder Verzögerungen verursacht.

Das Beispiel zeigt, dass sich beide Darstellungen auf die gleiche Entscheidung beziehen, jedoch die emotionale Reaktion der Mitarbeitenden auf sehr unterschiedliche Weise beeinflussen. Das positive Framing betont die Chancen, während das negative Framing die Risiken in den Vordergrund stellt.

Emotionen und Verlustaversion im Entscheidungsprozess

Auch die Sorge oder Angst vor negativen Konsequenzen kann den Entscheidungsprozess beeinflussen. Die oben beschriebene Risikobewertung kann unter anderem durch eine **Verlustaversion** der handelnden Teamführungen oder Teammitgliedern entstehen. In ihren Beiträgen zur **Prospect Theory** zeigten Tversky und Kahneman (1974), dass Menschen dazu neigen Verluste viel stärker zu gewichten als Gewinne, auch wenn beide objektiv den gleichen Wert haben. Diese Verlustaversion kann dazu führen, dass Menschen riskante Entscheidungen treffen, um potenzielle Verluste zu vermeiden, selbst wenn die rationale Analyse ein anderes Vorgehen empfehlen würde. Aus emotionaler Sicht beschreibt die Theorie, dass Menschen Verluste stärker empfinden als Gewinne (Loss Aversion). Kurz gesagt, dass die Sorge etwas zu verlieren intensiver ist als die Freude etwas zu gewinnen.

Dieses Beispiel zeigt das beschriebene Phänomen der Prospekt-Theorie von Tversky und Kahneman (1974): Im ersten Szenario, wo Gewinne

Beispiel für Verlustaversion im Entscheidungsprozess

In einem mittelständischen Unternehmen mit stabilen Umsätzen steht das F&E Team vor der Entscheidung, ob es in eine neue Produktentwicklung investieren soll und dafür ein Extrabudget bei der Geschäftsleitung anfragt oder nicht. Die Teamleitung steht schon seit längerem unter besonderer Beobachtung der Geschäftsleitung, da die letzten erfolgreichen Produktinnovationen schon einige Jahre her sind und der Wettbewerb deutlich aggressiver vielversprechende Produktinnovationen in den Markt einführt. Das F&E Team sorgt sich um sein Standing im Unternehmen und der Teamleiter möchte nichts falsch machen, um nicht für einen Umsatzrückgang verantwortlich gemacht zu werden. Er stellt dem Team zwei Szenarien vor:

Szenario 1 (Gewinne wahrscheinlich): Das Team kann in eine Produktentwicklung investieren, das mit hoher Wahrscheinlichkeit (80 %) erfolgreich sein wird. Der Gewinn für das Unternehmen wäre beträchtlich, aber es besteht ein geringes Risiko (20 %), dass das Innovationsprojekt scheitert und das investierte Budget verloren geht.

Die Reaktion des Teams: Trotz der hohen Erfolgswahrscheinlichkeit äußern die Teammitglieder Bedenken und tendieren dazu, das Risiko zu vermeiden. Sie argumentieren, dass die aktuellen Umsätze stabil sind und das (zusätzliche) Entwicklungsprojekt die Ressourcen unnötig gefährden könnte, auch wenn die Gewinne verlockend sind.

Szenario 2 (Verluste wahrscheinlich): Das Unternehmen hat bereits beträchtlich in eine Projektentwicklung investiert, die jedoch schlecht läuft. Es besteht ein hohes Risiko (80 %), dass das Produkt sich nicht erfolgreich im Markt etabliert, da es nicht alle Kundenerwartungen erfüllt und folglich die bisherigen Investitionen verloren sind. Die Teamleitung schlägt vor, zusätzliches Geld zu investieren, um das Projekt zu retten. Die Erfolgschance liegt allerdings nur bei 20 %.

Die Reaktion des Teams: Trotz der geringen Erfolgschancen entscheiden sich die Teammitglieder, das Risiko einzugehen und bitten die Teamleitung das Extrabudget in der Geschäftsleitung zu erfragen. Sie argumentieren, dass es besser sei, weiter zu investieren, um das Projekt zu retten, anstatt die bisherigen Verluste hinzunehmen.

wahrscheinlich sind, handeln die Teammitglieder risikoavers. Im zweiten Szenario, wo Verluste drohen, sind sie hingegen risikofreudiger, um Verluste zu vermeiden. Die Teammitglieder bewerteten also Risiken unterschiedlich, je nachdem, ob sie vor potenziellen Gewinnen oder Verlusten stehen. Und das auch unter der Rahmenbedingung, dass sie unter erhöhtem Erwartungsdruck stehen und dieser sich auf die emotionale Ebene durchschlägt. In Situationen, in denen nun Gewinne wahrscheinlich sind, neigen sie dazu, risikoavers zu handeln, während sie in Situationen, in denen Verluste wahrscheinlich sind, risikofreudiger werden. Diese Asymmetrie in der Risikowahrnehmung spiegelt die emotionale Reaktion auf Gewinn und Verlust wider und erklärt viele scheinbar irrationale Verhaltensweisen.

Emotionen und Rationalität

Auch unterschiedliche emotionale Zustände können einen Einfluss auf die Entscheidungsfindung haben. George Loewenstein (2000) untersuchte hierzu, wie Menschen in unterschiedlichen emotionalen Zuständen unterschiedliche Entscheidungen treffen. Er kategorisierte Emotionen in *heiße* und *kalte* Zustände. In einem *heißen* Zustand (z. B. Angst, Wut, Eifersucht oder andere Erregungen) handeln Menschen oft impulsiver und weniger rational als in einem *kalten* Zustand, in dem sie eher zur Reflexion und überlegtem Handeln neigen. Loewenstein (2000) argumentiert, dass diese emotionalen Zustände oft zu einer Diskrepanz zwischen den Entscheidungen, die Menschen treffen, und den Entscheidungen, die sie treffen würden, wenn sie in einem neutralen emotionalen Zustand wären. Er nannte diese Diskrepanz „hot – cold empathy gap". Gemeinsam mit seinen Kollegen zeigte er damit, wie stark Emotionen die Wahrnehmung und Bewertung von Risiken und Belohnungen verzerren können (Loewenstein et al., 2001). Sie begründeten ihren Ansatz damit, dass viele der aktuellen Theorien über Entscheidungen unter Unsicherheit auf kognitiven Prozessen basieren. Solche Theorien gingen davon aus, dass Menschen die Wahrscheinlichkeit und Attraktivität der möglichen Ergebnisse bewerten und diese Erkenntnisse in eine erwartungsbasierte Entscheidung einfließen lassen. Loewenstein und seine KollegInnen stellten hierzu die **„Risk as Feelings" Hypothese** auf, die die Rolle der Gefühle, die im Moment der Entscheidung erlebt werden, unterstreicht.

Beispiel zur „Risk as Feelings" Hypothese von Loewenstein

Eine Bereichsleitung in einem Automobilzulieferunternehmen steht vor der Entscheidung, ob sie in eine neue, innovative Produktionslinie für den Elektroantrieb investieren soll. Die Marktanalysen zeigen potenziell hohe Gewinne, aber auch erhebliche Risiken aufgrund ungetesteter Technologien und unsicherer Nachfrage.

Um eine fundierte Entscheidung zu treffen, lädt die Bereichsleitung ihr Kernteam zu einer Besprechung ein. Während des Meetings präsentiert sie die Fakten und Zahlen, bittet aber auch um Meinungen und erste Eindrücke der Teammitglieder. Einige Mitarbeiter sind begeistert und sehen die Chance, Marktführer in einem neuen Segment zu werden. Ihre Augen leuchten, und sie sprechen leidenschaftlich über die Möglichkeiten.

Andere hingegen äußern Bedenken. Sie fühlen sich unwohl bei der Vorstellung, große Summen in etwas Unbekanntes zu investieren. Ihre Sorgen spiegeln sich in ihrer Körperhaltung und ihrem Tonfall wider. Sie betonen die Risiken und mögliche negative Folgen für das Unternehmen.

Von außen betrachtet wird an diesem Beispiel deutlich, dass die emotionalen Reaktionen des Teams die Wahrnehmung des Risikos beeinflussen. Nach Loewenstein ist dies ein zentrales Element der „Risk as Feelings" Hypothese. Einfach ausgedrückt besagt sie, dass nicht nur rationale Überlegungen, sondern auch emotionale Reaktionen eine wichtige Rolle bei Entscheidungen unter Unsicherheit spielen. Aber wie geht man als Bereichsleiter mit dieser Situation um? Denkbar wäre anstatt die Emotionen zu ignorieren, sie in den weiteren Entscheidungsprozess miteinzubeziehen. Praktisch argumentiert könnte die Bereichsleitung Workshops organisieren, in denen sowohl die Chancen als auch die Ängste besprochen werden. Durch dieses Vorgehen ermöglicht sie es dem Team, die emotionalen Aspekte zu verarbeiten und in die Entscheidungsfindung einzubeziehen. Idealtypisch könnte das Team beispielsweise einen kontrollierten Pilotversuch durchführen. Dieses Vorgehen mindert die Ängste der Skeptiker und erhält gleichzeitig die Begeisterung der Befürworter. Die Entscheidung spiegelt damit sowohl die rationalen Analysen als auch die emotionalen Reaktionen wider. Dies sollte in diesem Beispiel zu einem ausgewogenen und durchdachten Ergebnis führen.

Die Verhaltensökonomie zeigt deutlich, dass Entscheidungen oft nicht rein rational, sondern stark von Emotionen beeinflusst sind. Die vorgestellten Theorien und Studien demonstrieren, wie Emotionen in die Entscheidungsfindung einfließen und diese oft auf unbewusster Ebene steuern. Führungskräfte sollten erkennen, wie Emotionen die schnelle, intuitive Entscheidungsfindung beeinflussen. Idealerweise kombinieren sie emotionale Intuitionen mit rationalen Überlegungen, um eine ausgewogene Entscheidungsfindung zu erreichen.

3   Führung bei kognitiven und emotionalen Verzerrungen

Wir wissen nun um die kognitiven und emotionalen Herausforderungen, die den Entscheidungsfindungsprozess beeinflussen. Aber wie lassen diese sich in eine eigene Führungstheorie integrieren? Vielleicht sogar verbunden mit konkreten Handlungsansätzen? Wenn man sich mit den theoretischen Vorüberlegungen dieses Abschnitts behilft, könnte man formulieren, dass eine **entscheidungsorientierte Führungstheorie** sich auf die Prozesse und Faktoren konzentriert, die Führungskräfte in ihrer Entscheidungsfindung beeinflussen. Sie untersucht dabei, wie Führungsentscheidungen getroffen werden, welche internen und externen Faktoren eine Rolle spielen und wie diese Entscheidungen die Organisation beeinflussen. Solch eine Theorie möchte somit aufzeigen, welche internen (z. B. kognitive und emotionale Verzerrungen) und externen Faktoren (z. B. organisationale Komplexität und Marktdynamik) die Entscheidungsfindung von Führungskräften beeinflussen und wie diese Faktoren miteinander interagieren. In der bisherigen Literatur gibt es zahlreiche Modelle zur Führungstheorie, wie die transformationale oder transaktionale Führung oder die situative Führungstheorie. Diese Theorien bieten wertvolle Einblicke in Führungsverhalten, berücksichtigen jedoch oft nicht explizit den Entscheidungsprozess selbst. Die entscheidungsorientierte Führungstheorie soll eine Lücke füllen, indem sie nicht nur den Einfluss des Führungsstils, sondern insbesondere auch die dynamische Interaktion zwischen individuellen, gruppenbezogenen und organisatorischen Faktoren in der Entscheidungsfindung untersucht.

Grundannahmen und Hypothesen

Die Grundannahmen orientieren sich hierbei am Zeitgeist der aktuellen Entscheidungsforschung und unterstellen, dass Führungskräfte nicht immer rein rational handeln, sondern dass ihre Entscheidungen durch kognitive Aspekte, emotionale Zustände und soziale Einflüsse verzerrt werden können (Costa et al., 2018; Mathieu et al., 2017; Uitdewilligen & Waller, 2018). Auf Basis der Verhaltensökonomik wird auch angenommen, dass der Kontext, in dem Entscheidungen getroffen werden, wie Unsicherheit, Zeit- oder Erfolgsdruck, die Entscheidungsmuster von Führungskräften erheblich beeinflusst. Daher könnten die folgenden Hypothesen gebildet werden:

- Hypothese 1: Führungskräfte neigen dazu, in stressigen Situationen autokratischere Entscheidungen zu treffen, um die Entscheidungsfindung zu beschleunigen.
- Hypothese 2: Führungskräfte mit einem hohen Maß an emotionaler Intelligenz treffen in unsicheren Umgebungen bessere Entscheidungen, da sie besser in der Lage sind, emotionale Reaktionen zu regulieren und kognitive Verzerrungen zu minimieren.
- Hypothese 3: In Organisationen mit starker Partizipationskultur tendieren Führungskräfte zu einem kooperativeren Entscheidungsstil, selbst unter Zeitdruck.

Überprüfbarkeit und erste Schlussfolgerungen

Aus Führungssicht könnte ein theoretisches Modell die Interaktion zwischen den persönlichen Eigenschaften der Führungskraft (z. B. emotionale Intelligenz, Risikobereitschaft), den situativen Faktoren (z. B. Unsicherheit, Zeitdruck) und den resultierenden Entscheidungsstilen (z. B. autokratisch, partizipativ) darstellen. Dieser Ansatz hat jedoch auch Schwächen, da diese Theorie insbesondere in stark hierarchischen Organisationen oder in extrem unvorhersehbaren Märkten ihre Gültigkeit verlieren kann – hier greifen möglicherweise andere Entscheidungsmechanismen. Ebenso könnte die Theorie in Kulturen, die stark kollektivistisch geprägt sind, anders wirken als in individualistischen Kulturen. Natürlich sind die aufgeführten Aspekte zunächst noch recht oberflächlicher Natur. Experimente könnten diese Hypothesen testen, bei denen Führungskräfte unter simuliertem Zeitdruck und Unsicherheit Entscheidungen in unterschiedlichen Führungsszenarien treffen müssen. Wir können aber bereits jetzt schon festhalten, dass so ein Theorieansatz wertvolle Einblicke in die Dynamik der Entscheidungsfindung von Führungskräften bietet. Er kann dazu beitragen, erfolgsversprechende Führungsstrategien zu entwickeln, die sowohl ergebnisorientiert sind als auch die Teamdynamik berücksichtigen.

Eine praktische Sicht auf die Dinge

Zugegeben, die Vorüberlegungen dieses Abschnitts waren sehr theoretisch. Aber was bedeutet es denn ganz konkret als Führungskraft bei zunehmender Komplexität der betrieblichen Zusammenhänge ein Team erfolgreich zu führen? Die Forschung hat hierzu bereits einen beträchtlichen Anteil beigetragen (Schaedler et al., 2022; Schepker et al., 2018). Natürlich sollten sich Teamleitungen immer über die zahlreichen Verzerrungen bewusst sein, die die Qualität der Entscheidungsfindung erheblich beeinträchtigen und somit die Leistung und den Erfolg eines Teams oder des gesamten Unternehmens gefährden können.

Kognitive und emotionale Verzerrungen

Kognitive Verzerrungen sind systematische Fehler im Denken, die die Entscheidungsfindung beeinflussen. Emotionale Verzerrungen hingegen beziehen sich auf die Beeinflussung von Entscheidungen durch emotionale Zustände wie Enttäuschung, Frustration oder Misstrauen.

Solche Verzerrungen sollten eine Führungskraft aber nicht in die Verzweiflung treiben. Die gute Nachricht ist, dass es viele Möglichkeiten gibt seine Entscheidungen zu verbessern und damit auf die entscheidungs-

Entscheidungserfolg

1. Unternehmensziele und Prioritäten als Basis festlegen
2. Mehrere Alternativen erarbeiten und zur Kreativität ermutigen
3. Fehlende Informationen gezielt identifizieren
4. Langfristige Auswirkungen im Blick behalten und reflektieren
5. Ein ausgewogenes Team von Entscheidern zusammenstellen
6. Beschlüsse transparent dokumentieren
7. Nachbereitung und Kontrolle der Entscheidungen sicherstellen

Abb. 2 Best-Practice Ansätze für den Entscheidungsprozess

verzerrenden Aspekte bewusst und gezielt einzugehen. Natürlich liefert die Verhaltensökonomik hier wichtige Lösungsansätze. Gleichzeitig sollten sich Führungskräfte auch mit den Best-Practice-Ansätzen anderer Unternehmensentscheider auseinandersetzen, um aus beiden Strömungen gleichermaßen für die eigenen Entscheidungsprozesse zu lernen (Abb. 2).

Erik Larson (2016) beschrieb hierzu auf Basis seiner Unternehmensanalysen sieben wichtige Schritte, die für eine Entscheidungsfindung aus ganz praktischer Sicht essenziell sind. Implizit hat er hier kognitive und emotionale Aspekte der Entscheidungsakteure miteinbezogen, die mitunter deckungsgleich mit den Studien von Bazerman und Moore (2012) hierzu sind. Auf seinen Überlegungen fußen die folgenden Elemente, die aus seinen Feldstudien heraus Führungsverantwortlichen helfen können, einerseits im eigenen Team bessere Entscheidungen zu treffen und andererseits zwischen verschiedenen Teams die gegenseitigen Interessen besser zu moderieren beziehungsweise für eine erfolgreiche Zusammenarbeit frühzeitig die Weichen zu stellen.

1. Unternehmensziele und Prioritäten als Basis festlegen

Entscheidungen von Teams sollten in Kongruenz mit den übergeordneten Unternehmenszielen stehen. Zu Beginn kann es hilfreich sein, gemeinsam im Team fünf wesentliche Ziele oder Prioritäten zu identifizieren, die durch die Entscheidungen beeinflusst werden. Auf diese Weise bleibt der Entscheidungsprozess strategisch ausgerichtet und wird nicht durch voreilige oder unreflektierte Schlussfolgerungen verfälscht. Zudem unterstützt dieser Ansatz eine fundierte Abstimmung mit anderen Teamleitern und Vorgesetzten, indem die Bevorzugung bestimmter Optionen logisch und nachvollziehbar auf die Unternehmensziele zurückgeführt werden kann. Eine systematische Auseinandersetzung mit den Zielen schafft dabei eine Struktur, die verhindert, dass Entscheidungen auf Grundlage persönlicher Präferenzen oder kurzfristiger Eindrücke getroffen werden.

Beispiel zu Unternehmenszielen und Prioritäten

Ein Teamleiter in einem Produktionsunternehmen steht vor der Entscheidung, ob eine neue Software zur Automatisierung des Lagerbestands eingeführt werden soll. Das Unternehmen hat bereits fünf strategische Ziele formuliert, darunter die Reduzierung der Lagerkosten und die Erhöhung der Effizienz. Der Teamleiter führt eine Sitzung mit seinem Team durch, um sicherzustellen, dass diese Entscheidung im Einklang mit diesen Zielen steht. Ein Teammitglied schlägt vor, auf die Einführung zu verzichten und stattdessen in neue Maschinen zu investieren. Der Teamleiter lenkt das Gespräch jedoch geschickt zurück zu den Unternehmenszielen. Er erklärt, dass die Reduzierung der Lagerkosten und die Erhöhung der Effizienz derzeit höhere Priorität haben als der Kauf von Maschinen. Dadurch bleibt das Team fokussiert und trifft eine Entscheidung, die auf den Unternehmenszielen basiert. In der späteren Abstimmung mit anderen Abteilungen verweist der Teamleiter auf diese klaren Ziele, um die Entscheidung zu rechtfertigen und Unterstützung für die Einführung der Software zu sichern.

---

2. Mehrere Alternativen erarbeiten und zur Kreativität ermutigen

Bevor man sich sofort auf die intuitiv naheliegendste Alternative als Team stürzt, sollten mindestens drei bis vier weitere realistische Alternativen in der Entscheidungsfindungsphase entwickelt werden. Obwohl dies häufig zusätzlichen Aufwand erfordert, trägt es erheblich zur Verbesserung der Entscheidungsqualität bei, da die Erweiterung der Optionen eine breitere Basis für fundierte Entscheidungen schafft. Durch das gezielte Einfordern verschiedener Vorschläge wird dabei systematisch verhindert, dass das Team sich vorschnell auf eine einzelne Lösung festlegt oder unbewusst an bestehenden Zuständen festhält. Dieser Ansatz bietet damit eine Grundlage, um in der Abstimmung mit anderen Teamleitern oder Vorgesetzten Alternativen zu diskutieren und unterschiedliche Perspektiven zu berücksichtigen. Es wird dabei vermieden, dass die Entscheidung durch emotionale Einflüsse oder bekannte Muster eingefärbt wird. Stattdessen wird eine offenere und ausgewogenere Bewertung der Optionen ermöglicht, die weniger anfällig für unbewusste und verzerrende Einflüsse ist.

Beispiel für Alternativenerarbeitung

Ein Teamleiter eines Marketingteams plant eine neue Kampagne zur Markteinführung eines Produkts. Bei der ersten Diskussion schlägt das Team vor, eine klassische Social-Media-Kampagne zu starten. Der Teamleiter bemerkt, dass die Gruppe sich auf bekannte Ansätze stützt, und fordert das Team aktiv auf, weitere kreative Alternativen zu entwickeln. Er ermutigt sie, etwa Influencer-Marketing, gezielte Offline-Events oder eine Kooperation mit bekannten Marken in Betracht zu ziehen. Diese zusätzliche kreative Arbeit bringt neue Ideen hervor. In der Folge entscheidet sich das Team für eine Mischung aus Social-Media-Kampagne und einem exklusiven Event für VIP-Kunden. Indem der Teamleiter auf einer größeren Auswahl an Alternativen besteht, werden innovative Lösungen entwickelt, die das Unternehmen von der Konkurrenz abheben. Bei der Präsentation dieser Alternativen vor anderen Teamleitern und der Geschäftsführung zeigt der Teamleiter, dass er verschiedene Optionen abgewogen hat, was seine Entscheidung fundierter und nachvollziehbarer erscheinen lässt.

---

3. Fehlende Informationen gezielt identifizieren

Für viele Entscheidungen liegen TeamleiterInnen eine Vielzahl an Informationen vor. Man kann es aber auch andersherum sehen: welche Informationen liegen nicht vor? Und vor allem: welche zusätzlichen Daten fehlen für eine fundierte Entscheidung? Gemeinsam mit dem Team kann eine Liste der noch benötigten Informationen erstellt werden, um den Entscheidungsprozess auf einer breiteren Basis zu stützen. Dabei kann es hilfreich sein, gezielt bei anderen Abteilungen, Teamleitern oder Vorgesetzten nach diesen fehlenden Informationen zu fragen. Die Aufgabe der Teamleitung besteht dabei in der Rolle als Vermittler, um relevante Informationen zusammenzuführen und Wissenslücken zu schließen. Dieser Ansatz verbessert nicht nur die Qualität der Entscheidungen, sondern fördert auch die Zusammenarbeit zwischen Teams und Führungsebenen. Gleichzeitig wird verhindert, dass Entscheidungen auf Grundlage unvollständiger oder vertrauter Daten getroffen werden. Dies könnte schlimmstenfalls dazu führen, dass wichtige Aspekte übersehen werden. Als Teamleiter ist man so vor dem Risiko geschützt, dass Entscheidungen durch bekannte, aber unvollständige Daten oder emotionale Einschätzungen beeinflusst werden. Bestenfalls kann dies zu einem objektiveren Entscheidungsprozess führen, der mehr Perspektiven und Datenquellen integriert, als es sonst üblich wäre. Gleichzeitig sollten sich Führungskräfte dennoch fragen, ob die zusätzlichen Informationen nicht über Gebühr die Komplexität der Entscheidung erhöhen. Dies ist meist eine Fallentscheidung.

Beispiel für fehlende Informationen im Entscheidungsprozess

In einem Softwareunternehmen steht ein Teamleiter vor der Herausforderung, über eine neue IT-Infrastruktur zu entscheiden. Im Teammeeting werden viele Annahmen getroffen, welche Lösung die besten langfristigen Vorteile bringt. Der Teamleiter stellt jedoch fest, dass wichtige Informationen fehlen, z. B. die genauen Implementierungskosten und mögliche technische Schwierigkeiten. Anstatt das Team zu einer schnellen Entscheidung zu drängen, organisiert der Teamleiter eine zweite Sitzung, nachdem er die IT-Abteilung und externe Berater zur Klärung eingeladen hat. Durch die Einholung externer Informationen sorgt der Teamleiter dafür, dass sein Team eine informierte Entscheidung treffen kann, anstatt sich auf Annahmen zu stützen. Diese Vorgehensweise zeigt auch den anderen Teamleitern und der Geschäftsführung, dass der Teamleiter proaktiv handelt und die Verantwortung übernimmt, um alle notwendigen Informationen für eine fundierte Entscheidung zu beschaffen.

---

4. Langfristige Auswirkungen im Blick behalten und reflektieren

Kurzfristiges Denken ist bei komplexen Fragestellungen nicht unüblich. Vielleicht sogar sind Teammitglieder dankbar für eine erste Idee und schnelle Lösung. Als Impuls ist dies auch nicht verkehrt, aber gleichzeitig sollten Teamleiter darauf achten über kurzfristige Vorteile hinauszudenken. Dabei kann gemeinsam analysiert werden, welche Auswirkungen die betreffenden Entscheidungen langfristig haben könnten. Diese Perspektive unterstützt nicht nur die interne Entscheidungsfindung im Team, sondern ist auch in der Kommunikation mit anderen Teamleitern und Vorgesetzten von Bedeutung. Die Entwicklung eines Zukunftsszenarios ermöglicht es, potenzielle Risiken und Chancen besser zu bewerten und sicherzustellen, dass die getroffene Entscheidung nachhaltig ist. Eine langfristige Betrachtung kann zudem verhindern, dass Entscheidungen durch unmittelbare Vorteile oder bekannte Muster zu stark beeinflusst werden. Häufig besteht die Tendenz, den kurzfristigen Erfolg überzubewerten und mögliche langfristige Konsequenzen zu übersehen. Durch den bewussten Fokus auf die Zukunft wird ein ausgewogenerer Prozess gefördert, der weniger anfällig für voreilige Schlussfolgerungen ist und eine fundierte Abwägung aller relevanten Faktoren ermöglicht.

Beispiel für Langfristigkeit

Ein Vertriebsleiter muss gemeinsam mit seinem Team entscheiden, ob eine aggressive Rabattstrategie eingeführt werden soll, um kurzfristig die Umsätze zu steigern. Während das Team schnell zu dem Schluss kommt, dass die Rabattstrategie kurzfristige Vorteile bringen könnte, fordert der Vertriebsleiter sein Team auf, auch die langfristigen Auswirkungen zu reflektieren. Er bittet das Team, ein Szenario zu entwickeln, in dem das Unternehmen im nächsten Jahr mit Preisverfall und Markenwertverlust konfrontiert sein könnte. Nach dieser Übung wird klar, dass eine zu starke Fokussierung auf Rabatte langfristig das Markenimage beschädigen könnte. Als Konsequenz entscheidet das Team, eine weniger aggressive Strategie zu fahren. In Abstimmung mit anderen Abteilungen und der Geschäftsführung legt der Teamleiter dar, wie die langfristige Perspektive eine nachhaltigere Entscheidung ermöglicht hat.

---

5. Ein ausgewogenes Team von Entscheidern zusammenstellen

Bei kollektiven Entscheidungen sind Teams und Einzelpersonen eingebunden, die man sich nicht immer aussuchen kann. Ein Teamleiter sagte mir in einem Interview einmal: „Man muss einfach mit dem Personal auskommen, das man hat". Hat man jedoch die Gelegenheit Einfluss auf die Teamzusammenstellung zu nehmen, so sollte neben fachlicher Kompetenz und Teamfit auch auf die Gruppengröße geachtet werden: Eine Gruppe von mindestens zwei, aber nicht mehr als sechs Personen bietet den Vorteil, dass der offene Austausch gefördert und gleichzeitig die Effizienz erhalten bleibt. Unterschiedliche Perspektiven innerhalb dieser Gruppe tragen dazu bei, potenzielle Einseitigkeiten zu verringern. Es ist jedoch auch notwendig, in Abstimmung mit anderen Teamleitern und Vorgesetzten sicherzustellen, dass alle relevanten Stakeholder in den Entscheidungsprozess einbezogen werden, ohne diesen unnötig zu verlangsamen. Forschungsergebnisse legen nahe, dass ab einer Teilnehmerzahl von sieben Personen die Effizienz deutlich abnimmt. Dies gilt besonders für bereichsübergreifende Entscheidungsrunden, bei denen die Gruppengröße bewusst im Blick behalten werden sollte (Lattuch, 2024). Eine zu große Gruppe kann den Entscheidungsprozess verkomplizieren, wodurch die Gefahr besteht, dass Entscheidungen durch den Druck, Konsens zu erreichen, beeinflusst werden.

Beispiel Teamzusammenstellung

Ein Teamleiter in der Produktentwicklung muss eine Entscheidung über die Einführung eines neuen Produktfeatures treffen. Er stellt ein kleines Team von vier Personen zusammen, das aus einem Entwickler, einem Marketingexperten, einem Produkttester und einem Kundenbetreuer besteht. Dieses Team ist klein genug, um effizient zu arbeiten, aber breit genug aufgestellt, um verschiedene Perspektiven einzubringen. Während der Diskussion bringt der Entwickler technische Bedenken ein, der Kundenbetreuer äußert sich zu möglichen Kundenreaktionen, und der Marketingexperte teilt seine Einschätzung der Marktchancen mit. Der Teamleiter moderiert die Diskussion so, dass keine der Meinungen dominiert und alle Sichtweisen gleichermaßen berücksichtigt werden. Diese Vorgehensweise sorgt für eine ausgewogene Entscheidungsfindung. In der anschließenden Besprechung mit anderen Abteilungsleitern kann der Teamleiter überzeugend darlegen, dass die Entscheidung auf fundierten, bereichsübergreifenden Einschätzungen basiert.

6. Beschlüsse transparent dokumentieren

Wahrscheinlich ist dies eine der undankbarsten Aufgaben, aber sie ist wichtig: das Dokumentieren. Entscheidungen sollten klar dokumentiert werden. Dabei ist nicht nur festzuhalten, was entschieden wurde, sondern auch die Gründe dafür. Diese Transparenz ermöglicht eine spätere Erfolgsmessung und schafft in Abstimmungsprozessen mit anderen Teamleitern oder Vorgesetzten Klarheit. Ebenso sollte vermerkt werden, in welchem Maße das Team die Entscheidung unterstützt hat, um die Beteiligung und Akzeptanz nachvollziehbar zu machen. Eine gründliche Dokumentation erleichtert es, Entscheidungen später nachzuvollziehen und dient als wertvolle Grundlage für Feedback und Anpassungen. Zudem schützt eine solche Vorgehensweise vor der Gefahr, dass bestimmte Details oder Argumente im Laufe der Zeit in Vergessenheit geraten oder falsch erinnert werden, was den Entscheidungsprozess beeinflussen könnte. Durch diese Praxis wird sichergestellt, dass Entscheidungen nicht von spontanen Eindrücken oder persönlichen Präferenzen geprägt sind, sondern auf fundierten, nachvollziehbaren Überlegungen basieren.

Beispiel für Transparenz und Umsetzungsbereitschaft

Ein Teamleiter im Bereich Human Resources muss entscheiden, ob ein neues Schulungsprogramm für die gesamte Belegschaft eingeführt wird. Nachdem das Team eine Entscheidung getroffen hat, setzt der Teamleiter eine detaillierte Dokumentation auf, die den Beschluss und die Gründe für die Entscheidung festhält. Er stellt sicher, dass alle Teammitglieder die Dokumentation abzeichnen, um zu zeigen, dass sie die Entscheidung unterstützen. Diese Transparenz ermöglicht es dem Team, sich auch nach Wochen oder Monaten an die Gründe der Entscheidung zu erinnern und diese im Unternehmen zu kommunizieren. Als der Teamleiter die Entscheidung gegenüber anderen Abteilungen und der Geschäftsführung verteidigen muss, kann er auf die vollständige Unterstützung seines Teams und die dokumentierten Gründe verweisen, was die Akzeptanz der Entscheidung erhöht.

---

7. Nachbereitung und Kontrolle der Entscheidungen sicherstellen

Dicht gefolgt von der Dokumentation ist auch das Nachbereiten von Entscheidungen nicht unbedingt an der Spitze der Hitliste von Führungskräften. Dabei ist es neben dem Dokumentieren so sinnvoll von Beginn an eine Nachbereitung und Kontrolle der getroffenen Entscheidungen nach ein bis zwei Monaten einzuplanen. In der Rolle des Teamleiters besteht die Verantwortung nicht nur darin, den Entscheidungsprozess zu leiten, sondern auch die Umsetzung und Ergebnisse zu überprüfen. Häufig wird versäumt, Entscheidungen zu hinterfragen, wenn diese nicht den erwarteten Erfolg erzielen. Eine geplante Nachbesprechung ermöglicht dem Team, aus den gemachten Erfahrungen zu lernen und notwendige Anpassungen vorzunehmen. Zudem wird die Zusammenarbeit mit anderen Führungskräften gestärkt, da regelmäßige Updates und Feedbackschleifen zur kontinuierlichen Verbesserung beitragen können. Durch diese frühzeitige Überprüfung können Fehlentscheidungen erkannt und korrigiert werden. Dazu fördert es die Verantwortlichkeit im Team: Wenn klar ist, dass Ergebnisse in festgelegten Abständen bewertet werden, steigt die Bereitschaft, Entscheidungen sorgfältig zu durchdenken und die Umsetzung konsequent voranzutreiben.

Beispiel für Nachbereitung und Kontrolle

Ein Einkaufsleiter entscheidet zusammen mit seinem Team über die Auswahl eines neuen Lieferanten. Nachdem die Entscheidung getroffen wurde, plant der Teamleiter bereits eine Nachbesprechung zwei Monate später ein, um die Leistung des Lieferanten zu überprüfen. Bei diesem Meeting stellt das Team fest, dass der Lieferant zwar die vertraglichen Bedingungen erfüllt, aber kleinere Qualitätsprobleme aufgetreten sind. Aufgrund dieser systematischen Nachverfolgung entscheidet das Team, den Lieferanten auf die Mängel anzusprechen und gegebenenfalls eine Alternative in Betracht zu ziehen. In der Kommunikation mit anderen Führungskräften hebt der Einkaufsleiter hervor, dass die geplante Nachbesprechung eine schnelle Reaktion auf Probleme ermöglicht hat und zeigt, dass sein Team in der Lage ist, nicht nur Entscheidungen zu treffen, sondern diese auch aktiv nachzuverfolgen und anzupassen.

Als Teamleiter liegt die Verantwortung nicht nur in der Steuerung des Entscheidungsprozesses innerhalb des Teams, sondern auch in der Moderation zwischen verschiedenen Teams und Führungsebenen. Diese Sandwich Position mag bei Führungskräften zu Unbehagen führen. Gleichzeitig ist es auch eine in sich wichtige und vielleicht sogar machtvolle Position. Gute Führungskräfte lassen sich daher nicht durch diese Zwischenposition einengen, sondern nutzen diese, um sachlich richtige Entscheidung in ihrer Organisation voranzutreiben. Dabei lässt sich nach den Überlegungen von Larson (2016) zusammenfassen, dass es wichtig ist, den Entscheidungsprozess strategisch zu gestalten, die Teammitglieder zu kreativen Alternativen zu ermutigen und fehlende Informationen aktiv zu beschaffen. Dies fördert eine umfassende und fundierte Entscheidungsfindung, indem verschiedene Perspektiven und Datenquellen berücksichtigt werden. Durch klare Kommunikation und Transparenz wird sichergestellt, dass alle Beteiligten den Entscheidungsprozess nachvollziehen können. Dies stärkt die Zusammenarbeit und Abstimmung zwischen Teams und Führungskräften. Eine regelmäßige Nachverfolgung der umgesetzten Entscheidungen ermöglicht es, frühzeitig Abweichungen von den Zielen zu erkennen und notwendige Anpassungen vorzunehmen. Joseph und Gaba (2020) betonen dabei, dass eine strukturierte und transparente Vorgehensweise dazu beiträgt, dass der Entscheidungsprozess weniger anfällig für persönliche Vorlieben oder unreflektierte Einflüsse wird. Indem alle relevanten Informationen gesammelt und unterschiedliche Perspektiven integriert werden, wird die Grundlage für objektive und datengestützte Entscheidungen geschaffen. Dies verhindert, dass kurzfristige Eindrücke oder emotionale Reaktionen die Entscheidungsfindung beeinträchtigen.

Zwischenfazit

Insgesamt verdeutlicht dieses Kapitel die komplexen Zusammenhänge zwischen kognitiven und emotionalen Faktoren in der Entscheidungsfindung. Es wird erklärt, wie Verfügbarkeitsheuristiken sowie Ambiguitätsaversion zu irrationalen Entscheidungen führen können. Beispiele wie das Ellsberg-Paradoxon und das Ultimatum-Spiel zeigen, dass Unsicherheit und Fairness eine große Rolle bei betrieblichen Entscheidungen in diesem Zusammenhang spielen können. Zudem beeinflussen emotionale Reaktionen, sei es Angst, Freude oder Wut, wie Informationen verarbeitet und Entscheidungen getroffen werden. Verhaltensökonomische Konzepte wie die „Affektheuristik" und „Loss Aversion" zeigen hierbei, dass Entscheidungen oft stark von emotionalen Reaktionen geprägt sind, insbesondere in unsicheren Situationen. Dieses Kapitel legt hierbei eine entscheidungsorientierte Führungstheorie nahe, bei der interne Faktoren wie kognitive Verzerrungen und externe Faktoren wie Marktdynamiken integriert werden und den Führungsstil prägen.

Literatur

Abatecola, G., Caputo, A., & Cristofaro, M. (2018). Reviewing cognitive distortions in managerial decision making: Toward an integrative co-evolutionary framework. *Journal of Management Development, 37*(5), 409–424.

Acciarini, C., Brunetta, F., & Boccardelli, P. (2021). Cognitive biases and decision-making strategies in times of change: A systematic literature review. *Management Decision, 59*(3), 638–652.

Bass, B. M. (1999). Two decades of research and development in transformational leadership. *European Journal of Work and Organizational Psychology, 8*(1), 9–32.

Bazerman, M. H., & Moore, D. A. (2012). *Judgment in managerial decision making.* Wiley.

Bell, D. E., Raiffa, H., & Tversky, A. (Hrsg.). (1988). *Decision making: Descriptive, normative, and prescriptive interactions.* Cambridge University Press.

Bratton, V. K., Dodd, N. G., & Brown, F. W. (2011). The impact of emotional intelligence on accuracy of self-awareness and leadership performance. *Leadership & Organization Development Journal, 32*(2), 127–149.

Brundin, E., Liu, F., & Cyron, T. (2022). Emotion in strategic management: A review and future research agenda. *Long Range Planning, 55*(4), 102144.

Costa, A. C., Fulmer, C. A., & Anderson, N. R. (2018). Trust in work teams: An integrative review, multilevel model, and future directions. *Journal of Organizational Behavior, 39*(2), 169–184.

Ellsberg, D. (1961). Risk, ambiguity, and the Savage axioms. *The quarterly journal of economics, 75*(4), 643–669.

Güth, W., Schmittberger, R., & Schwarze, B. (1982). An experimental analysis of ultimatum bargaining. *Journal of Economic Behavior & Organization, 3*(4), 367–388.

Ingram, A., Peake, W. O., Stewart, W., & Watson, W. (2019). Emotional intelligence and venture performance. *Journal of Small Business Management, 57*(3), 780–800.

Joseph, J., & Gaba, V. (2020). Organizational structure, information processing, and decision-making: A retrospective and road map for research. *Academy of Management Annals, 14*(1), 267–302.

Larson, E. (2016). A checklist for making faster, better decisions. *Harvard Business Review, 7.*

Lattuch, F. (2024). *Führung interdisziplinärer Teams: Ergebnisorientiertes Handeln in komplexen Situationen.* Springer.

Loewenstein, G. (2000). Emotions in economic theory and economic behavior. *American Economic Review, 90*(2), 426–432.

Loewenstein, G. F., Weber, E. U., Hsee, C. K., & Welch, N. (2001). Risk as feelings. *Psychological Bulletin, 127*(2), 267–286.

Mathieu, J. E., Hollenbeck, J. R., van Knippenberg, D., & Ilgen, D. R. (2017). A century of work teams in the Journal of Applied Psychology. *Journal of Applied Psychology, 102*(3), 452.

Neffe, C., Wilderom, C. P., & Lattuch, F. (2022). Emotionally intelligent top management and high family firm performance: Evidence from Germany. *European Management Journal, 40*(3), 372–383.

Pitelis, C. N., & Wagner, J. D. (2019). Strategic shared leadership and organizational dynamic capabilities. *The Leadership Quarterly, 30*(2), 233–242.

Salas, E., Rosen, M. A., & DiazGranados, D. (2010). Expertise-based intuition and decision making in organizations. *Journal of management, 36*(4), 941–973.

Schaedler, L., Graf-Vlachy, L., & König, A. (2022). Strategic leadership in organizational crises: A review and research agenda. *Long Range Planning, 55*(2), 102156.

Schepker, D. J., Nyberg, A. J., Ulrich, M. D., & Wright, P. M. (2018). Planning for future leadership: Procedural rationality, formalized succession processes, and CEO influence in CEO succession planning. *Academy of Management Journal, 61*(2), 523–552.

Tversky, A., & Kahneman, D. (1974). Judgment under uncertainty: Heuristics and biases. *Science, 185*(4157), 1124–1131.

Uitdewilligen, S., & Waller, M. J. (2018). Information sharing and decision-making in multidisciplinary crisis management teams. *Journal of Organizational Behavior, 39*(6), 731–748.

Steuerung der Lösungswege: Entscheidungen umsetzen

Zusammenfassung Dieses Kapitel beleuchtet den rationalen Entscheidungsprozess und die damit verbundenen Herausforderungen in der Führung. Ein effektiver Entscheidungsprozess umfasst typischerweise fünf Phasen: Problemdefinition, Informationssammlung, Entwicklung von Alternativen, Bewertung und Auswahl sowie Implementierung. Die klare Definition des Problems und die gezielte Informationssammlung sind dabei entscheidend, um relevante Daten zu nutzen und eine Tendenz zum Status quo zu verhindern. Hinsichtlich der Teamführung ist es wichtig, die Balance zwischen intuitivem und analytischem Denken zu wahren, um impulsive Entscheidungen zu verhindern. Zudem sollten Führungskräfte klare Entscheidungsrahmen setzen und Verzerrungen erkennen. Als Ergebnis dieser Überlegungen werden fünf verschiedene Schlüsselkomponenten für die erfolgreiche Führung von Entscheidungsprozessen vorgestellt und diskutiert. Sie beinhalten (a) riskante, kollektive Entscheidungen mit Prioritäten zu strukturieren, (2) Teamdynamiken zu verstehen, (3) brillant zwischen Entscheidungsparteien zu kommunizieren, (4) Konflikte umsichtig zu entschärfen und (5) die Partizipation mit klarer Zielsetzung zu fördern.

© Der/die Autor(en), exklusiv lizenziert an Springer Fachmedien Wiesbaden GmbH, ein Teil von Springer Nature 2025
F. Lattuch, *Entscheidungstheorie in der Führung*,
https://doi.org/10.1007/978-3-658-47264-1_3

1   Blaupause eines rationalen Entscheidungsprozesses

Ein rationaler Entscheidungsprozess umfasst mehrere zentrale Phasen, die darauf abzielen, fundierte und objektive Entscheidungen zu treffen, siehe Abb. 1.

Obwohl dies nach einem linearen Phasenmodell aussieht, das in der Praxis aufgrund der Gradlinigkeit eine hohe Akzeptanz haben sollte, ist immer wieder festzustellen, dass im Alltag von Organisationen die einzelnen Phasen des Entscheidungsprozesses anders gelebt werden. Die groben Eckpunkte sind zwar ähnlich, aber von Fall zu Fall, Industrie zu Industrie oder Unternehmensgröße zu Unternehmensgröße werden diese Eckpunkte anders interpretiert und verfolgt. Was in diesen einzelnen Phasen aus praktischer Sicht jeweils zu bedenken ist, wird im Folgenden dargestellt.

Problemdefinition: Elemente des Design Thinkings nutzen

Vor der Entscheidung steht die Klärung darüber an, was entschieden werden muss – und warum. Dies bezieht auch die Erkenntnis ein, wer von dieser Entscheidung betroffen ist und wer in den Entscheidungsprozess miteingebunden werden sollte. In der Praxis hat sich erwiesen, dass in dieser Phase auch die Festlegung der Ziele geschieht, die durch die Entscheidung erreicht werden sollen.

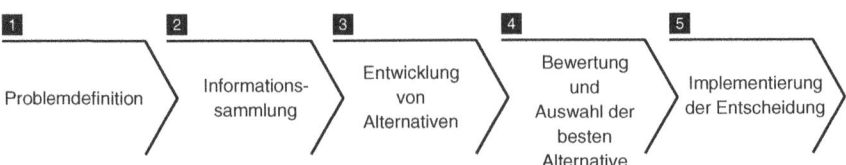

Abb. 1 Phasen eines rationalen Entscheidungsprozesses

Design Thinking

Ein nutzerzentrierter, kreativer Ansatz zur Problemlösung, der durch Empathie und Iteration innovative Lösungen entwickelt. Im Entscheidungsprozess hilft es, durch Prototypen und Feedback fundierte, praxisnahe Entscheidungen zu treffen, die auf den Bedürfnissen der Nutzer basieren.

Für Teamleiter, die Entscheidungsprozesse steuern, ist die klare Definition des Problems entscheidend. Daher sollten sie grundlegende Fragen stellen, wie „Warum machen wir es so?" um eingefahrene Praktiken zu überdenken und das Problem neu zu definieren. Dies kann dazu beitragen, dass die Teammitglieder alte Annahmen überdenken und neue Lösungsansätze entwickeln. Empathie ist ein weiterer wichtiger Aspekt. Aus dem Design Thinking wissen wir, dass ein tiefes Eintauchen in die Lebenswelt der Nutzer entscheidend ist, um ihre unartikulierten Bedürfnisse zu verstehen. Für Teamleiter bedeutet dies, sich intensiv mit den Herausforderungen und Perspektiven der betroffenen Stakeholder auseinanderzusetzen, anstatt sich nur auf Daten oder standardisierte Methoden zu verlassen. Nach Liedtka (2015) hat sich bei der Entscheidungsumsetzung im Design Thinking gezeigt, dass das schnelle Erstellen von groben Modellen zum Ideentest sehr wirkungsvoll ist. Also ohne sich in der Komplexität von Fragestellungen zu verlieren – wie aus dem Design Thinking empfohlen – frühe Versionen von Lösungen zu entwickeln und zu testen. Dies fördert ein iteratives Vorgehen, bei dem Rückschläge als Lernmöglichkeiten gesehen werden. Im dynamischen Umfeld von Organisationen kann so eine „Fail-forward"-Mentalität den Unterschied ausmachen. Daher sollten Teamleiter Fragen stellen, Empathie zeigen und Prototypen nutzen, um die Problemdefinition zu klären und Entscheidungen zu treffen.

Informationssammlung: Weniger ist manchmal mehr

Beim Sammeln unzähliger Informationen stößt man als Teamleiter schnell an die Grenzen des machbaren. Unfreiwillig erhöht man die Komplexität einer Fragestellung, weil man versucht ist, alle Dimensionen

eines Problems zu verstehen und in den Entscheidungsprozess miteinzubeziehen. Natürlich empfiehlt hier die Literatur standardmäßig, so viele
Informationen wie nötig für die Entscheidungsfundierung zu nutzen. In
der Praxis jedoch zeigt sich, dass die Quantität häufig auf Kosten der
Qualität geht.

Ein Teamleiter, der einen Entscheidungsprozess steuert, muss daher
sicherstellen, dass gesammelte Daten nicht nur gesammelt, sondern auch
richtig genutzt werden. Es reicht somit nicht aus, Daten zu sammeln und
darüber in Meetings zu sprechen. Es ist wichtig, die Daten so zu organisieren, dass Zusammenhänge und Muster sichtbar werden. Hier gibt es
eine Vielzahl von Methoden, um Fakten aus verschiedenen Bereichen vi-
suell untereinander in Beziehung zu setzen.

Nehmen wir ein Beispiel, in dem die Visualisierung nach dem Kawakita-Jiro-Ansatz deutlich wird: Ein Teamleiter möchte herausfinden,
warum die Kundenzufriedenheit gesunken ist. Er sammelt Daten wie negative Bewertungen, Lieferverzögerungen und fehlerhafte Produkte.
Nach dem Kawakita-Jiro-Ansatz schreibt er jedes Problem auf eine
Karteikarte. Das Team sortiert die Karten in Gruppen: „Produktquali-
tät", „Lieferzeiten", „Kundensupport". Durch die Sortierung erkennt das
Team, dass fehlerhafte Produkte und lange Lieferzeiten die Hauptursachen sind. Dies hilft dem Teamleiter, Muster zu identifizieren und
gezielte Maßnahmen zu ergreifen, etwa die Verbesserung der Qualitäts-
kontrolle und Optimierung der Lieferprozesse. Hinsichtlich der Daten
sticht hier Klasse die Masse. Dies verhindert, dass der Entscheidungsprozess unübersichtlich wird und sorgt für besser verständliche, datenbasierte
Entscheidungen.

Entwicklung von Alternativen: Umgang mit dem Status quo

Aus der Literatur wissen wir, dass zur Entwicklung von Alternativen die
Erarbeitung verschiedener Lösungen für das identifizierte Problem gehört. Der Weg dorthin ist allerdings nicht einfach. In der Praxis hat sich
vermehrt das Problem des „status quo" Denkens ergeben. Teamleiter stehen bei Entscheidungsprozessen vor der Herausforderung, dass ihre Ent-

scheidungen oft nicht so rational und objektiv sind, wie sie glauben. Kognitive und emotionale Aspekte wurden bereits im vorherigen Abschnitt hierzu schon umfassend beschrieben. Hieraus ergibt sich ein vielbeobachtetes Phänomen: Die Tendenz bei Führungskräften, den Status quo aufrechtzuerhalten. Diese Vorliebe ist nicht unwesentlich in unserer Psyche verwurzelt. Diese Neigung zeigt sich in der Regel bei Entscheidungen zu organisationalen Veränderungen. Nehmen wir das Beispiel eines Unternehmenskaufes: Integriere ich das gekaufte Unternehmen direkt an Day-1 in meine Gesellschaft, oder behalte ich die Struktur des gekauften Unternehmens zunächst bei, um nicht zu viel Unruhe aufkommen zu lassen. Ganz nebenbei ist es auch bequemer dieses Thema nicht direkt zum Zeitpunkt der Übernahme anzufassen. Wir werden immer Gründe finden in betrieblichen Entscheidungen den Status quo beizubehalten. Aus der Forschung wissen wir, dass der Wunsch, den Status quo zu bewahren, oft darin begründet liegt, dass Veränderung mit Verantwortung und möglicher Kritik verbunden ist. Dies führt dazu, dass viele lieber nichts tun, um sich einem geringeren psychologischen Risiko auszusetzen.

Für Teamleiter bedeutet dies, dass sie besonders darauf achten müssen, wie die Vorliebe für den Status quo ihre Entscheidungsfindung beeinflusst. Experimente zeigen, dass Menschen eher beim Status quo bleiben, selbst wenn Alternativen objektiv besser sind, insbesondere wenn der Aufwand für die Entscheidung höher ist. Hammond et al. (2006) beschrieben, dass dies besonders problematisch bei betrieblichen Entscheidungen ist, wo das Vermeiden von Veränderungen oft als sicherer angesehen wird, obwohl dies langfristig zu Problemen führen kann. Nehmen wir noch einmal das oben genannte Beispiel zur Unternehmensübernahme: Der Wunsch, die bestehende Struktur nicht sofort zu verändern, kann dazu führen, dass sich suboptimale Zustände verfestigen. Zusammenfassend sollten Teamleiter demnach den Status quo nicht aus Bequemlichkeit beibehalten. Stattdessen sollten sie ihre Ziele prüfen, dabei den Status quo kritisch hinterfragen und die langfristigen Auswirkungen berücksichtigen. Sie sollten sich nicht von Aufwand oder Kosten abschrecken lassen und konsequent eine fundierte Entscheidung treffen.

Bewertung und Auswahl der Alternativen: Optionen gleichzeitig diskutieren

Ein entscheidender Aspekt bei der Leitung von Entscheidungsprozessen im Team ist die Art, wie Optionen präsentiert und verglichen werden. Studien zeigen, dass Menschen bessere Entscheidungen treffen, wenn sie alle Optionen gleichzeitig betrachten, anstatt sie einzeln zu bewerten. Basu und Savani (2017) zeigten in ihrer Untersuchung, dass die Wahrscheinlichkeit, die beste Option zu wählen, um 22 % höher war, wenn alle Optionen gemeinsam vorgelegt wurden. In einem Experiment wählten Teilnehmer zwischen verschiedenen Laptopmodellen: 84 % derjenigen, die alle Optionen auf einmal sahen, wählten die beste aus, im Vergleich zu 75 % bei denjenigen, die die Modelle einzeln betrachteten. Ähnlich verhielt es sich bei der Auswahl von Lieferanten: 61 % der Teilnehmer, die alle Optionen zusammen ansahen, identifizierten den günstigsten Lieferanten, während nur 55 % derer, die die Optionen nacheinander prüften, dies taten. Für Teamleiter bedeutet dies, dass die Art und Weise, wie sie Entscheidungsoptionen ihrem Team präsentieren, die Qualität der getroffenen Entscheidungen durchaus beeinflussen kann.

Werden alle Optionen gleichzeitig diskutiert, fällt es dem Team leichter, gründliche Vergleiche anzustellen und bessere Entscheidungen zu treffen. Dies zeigt sich auch in der Sprache, die Menschen verwenden: Wenn sie Optionen gemeinsam bewerten, zeigen sie Anzeichen tieferen Nachdenkens. In Entscheidungsprozessen sollten Teamleiter daher darauf achten, alle Optionen klar und gleichzeitig darzustellen. Dies fördert einen effizienteren Vergleich und führt zu besseren Ergebnissen für das gesamte Team.

Implementierung der Entscheidung: Entschlossen und konsequent

In Einzel- oder Kollektiventscheidungen kann die Unentschlossenheit zu einem echten Problem werden, insbesondere wenn verschiedene Emotionen, Erwartungen und Meinung mit der Entscheidung einhergehen. Es ist nicht unüblich, dass bei Kollektiventscheidungen lange im Team diskutiert wird. Trotz des intensiven Austausches kommt es aber häufig zu keinem Konsens. Für Teamleiter ist es entscheidend, einen klaren Plan für Entscheidungsprozesse zu haben. Ein häufiger Fehler ist es, sich nur auf die Daten und Analysen zu fokussieren, ohne sich Gedanken darüber zu machen, wie die Diskussionen beendet werden sollen. Es ist wichtig, vorab festzulegen, wie Entscheidungen getroffen werden, wenn kein Einvernehmen erzielt wird. In komplexeren Organisationsformen, wo Teammitglieder teilweise mehrere Berichtslinien haben, kann es besonders schwierig sein, eine Entscheidung ohne klaren Entscheidungsmechanismus zu treffen. Es reicht nicht aus, am Ende des Meetings zu sagen: „Ok, wir überdenken einfach alle noch einmal unsere Positionen auf Basis des heutigen Austauschs" oder „lasst es uns einfach einmal versuchen und dann sehen wir, ob wir mit der Entscheidung richtig lagen." Nehmen wir das folgende Beispiel eines Berufsverbandes:

Beispiel für eine Entscheidungssituation in einem Berufsverband

In der Sitzung eines Berufsverbandes sollte über die Aufnahme einer Weiterbildungsinitiative entschieden werden. Aus den Unterlagen des Antrags ging hervor, dass die Antragssteller unter anderem auch mit Neuro-Linguistischen Programmier – Ansätzen (NLP) arbeiten. Aufgrund der fehlenden empirischen Nachweise zur wissenschaftlichen Wirksamkeit von NLP entfachte eine Diskussion im Gremium, ob dieser Antrag angenommen wird oder nicht. Nach wenigen Minuten war die Meinungslage sehr unübersichtlich, da viele verschiedene Argumente für und gegen den Antrag diskutiert wurden. Nach einer 30-minütigen Diskussion wurde klar, dass man in dieser Form keine Einigung erzielt.

Ein Vorstandsmitglied schlug eine Probeabstimmung vor und das Ergebnis war 7 Personen für den Antrag und 7 Personen gegen den Antrag. Nun wurde auch dem Letzten im Raum die verzwickte Entscheidungslage klar. Es wurde noch jeweils ein Kurzplädoyer für und gegen den Antrag zugelassen und anschließend bat das Vorstandsmitglied sich im Raum aufzustellen: Auf der einen Seite „Zustimmung des Antrags" auf der anderen Seite „Ablehnung des Antrags". Bei der Aufstellung im Raum rangen einige für eine klare Meinung mit sich. Vier stellten sich daraufhin in die Mitte des Raumes auf. Diese vier Personen schilderten im Anschluss ihre Zerrissenheit und welche Korrektur sie im Antrag benötigen würden, um sich für ihn auszusprechen. Die vier Personen schlugen u. a. vor, dass den Antragstellern auferlegt wird. sich von NLP im Antrag zu distanzieren und die NLP-Elemente der Weiterbildungsinitiative durch wissenschaftlich/empirisch belegte Instrumente auszutauschen. Der Rest der Gruppe stimmte diesen Korrekturvorschlägen zu, wodurch sich die vier klar in die Raumhälfte der Antragsbefürworter stellten. Man setzte sich wieder und besprach die nächsten Schritte, stimmte ab und es wurde ein klares Votum erzielt, dass der Antrag unter Auflagen angenommen wird.

Als Teamleiter liegt die Verantwortung nicht nur in der Steuerung des Entscheidungsprozesses innerhalb des Teams, sondern auch in der Moderation zwischen verschiedenen Positionen (Schaedler et al., 2022). Wertschätzend und respektvoll. Das vorgestellte Beispiel verdeutlicht die Wichtigkeit einer guten Führung in Entscheidungssituationen. Probeabstimmungen oder Raumaufstellungen können helfen Positionen zu verdeutlichen. Ein Vorstandsmitglied achtete trotz der unterschiedlichen Meinungen darauf zu einer Entscheidung zu kommen. Ein klar definierter Plan kann beinhalten, dass nach einer bestimmten Zeit abgestimmt wird oder dass eine bestimmte Person die endgültige Entscheidung trifft. Im oberen Beispiel war es eine Abstimmung. Zudem sollten Kriterien wie die Art der Abstimmung (einfache Mehrheit, Zweidrittelmehrheit) und die Dokumentation von Mehrheits- und Minderheitsmeinungen festgelegt werden. Durch eine gute Planung und klare Kommunikation der Entscheidungsprozesse können Teamleiter sicherstellen, dass Meetings nicht in Unentschlossenheit enden, sondern zielgerichtet und entschlossen verlaufen.

2   Strategien zu Entscheidungsprozessen in Teams

Die Führung von Entscheidungsprozessen in Teams ist eine anspruchsvolle Aufgabe, die ein gutes Verständnis für Gruppenverhalten und individuelle Dynamiken erfordert. Im vorherigen Abschnitt wurde klar, dass Teamentscheidungen vor allem auch von einer guten Planung und konsequenten Umsetzung leben. Hierbei reichen die Herausforderungen von der Koordination unterschiedlicher Perspektiven bis hin zur Bewältigung

von Konflikten und Verzerrungen. Zahlreiche Ansätze aus der Verhaltensökonomie wurden bis hierher schon vorgestellt und zeigten, dass sie wertvolle Einblicke und Werkzeuge bieten, um diese Herausforderungen zu
bewältigen und die Teamdynamik zu verbessern. Dieser Abschnitt soll
die Enden der vorherigen zwei Kapitel zusammenbringen und daraus
Strategien zur Führung von Entscheidungsprozessen in Teams darstellen.
Als grundlegendes Rahmenkonzept wird hierbei die Untersuchung von
Beshears & Gino (2015) genutzt, die verdeutlicht, dass zunächst von der
Führungskraft verstanden werden muss, *wie* Entscheidungen getroffen
werden, *was* das tatsächliche Problem ist und *welche* Ursachen dafür in
der Organisation vorliegen sowie *wie* man eine Lösung als Team entwickelt und sinnvoll testet.

Teamentscheidungen sind komplex: schnelles vs. überlegtes Denken in Teams

Auch wenn in vielen Organisationen am Ende eine oder eine kleine Anzahl von Personen die zentralen Unternehmensentscheidungen trifft, so
gehen diesen Entscheidungen doch meist zahlreiche Teamentscheidungen
voraus. Was Teamentscheidungen so herausfordernd macht, ist hierbei
die Integration von Perspektiven, das Management von Konflikten und
die Koordination unterschiedlicher Interessen. Bei diesen Aspekten sollten Führungskräfte nach Beshears und Gino (2015) zwischen zwei Denkweisen bei ihren Teammitgliedern unterscheiden: dem schnellen, intuitiven (System-1) Denken und dem langsamen, überlegten (System-2)
Denken. Das schnelle Denken reagiert hierbei instinktiv und emotional,
was oft schnelle, aber potenziell voreingenommene Entscheidungen zur
Folge hat. Das überlegte Denken hingegen analysiert logisch und korrigiert intuitive Fehlurteile. Bazerman und Moore (2012) beschreiben,
dass beide Denkweisen ihre Vor- und Nachteile haben. Doch eine übermäßige Abhängigkeit vom schnellen Denken kann zu schlechten Entscheidungen führen, da es sich auf unmittelbare (Projekt-)erfolge fokussiert und langfristige Konsequenzen vernachlässigt. Für Führungskräfte
ist es daher wichtig, Teamentscheidungen durch die Kombination beider
Denkweisen zu lenken: Intuitive Reaktionen sollten berücksichtigt, aber

mithilfe von überlegtem Denken überprüft werden. Dies erfordert jedoch kognitive Anstrengungen, die begrenzt sind. Heuristiken können hierbei nach Artinger et al. (2015) ein hilfreiches Instrument sein, das die Brücke zwischen diesen beiden Denkweisen schlägt. Um fundierte Entscheidungen zu treffen, sollten Führungskräfte bewusst den Einsatz vom überlegten Denken fördern, ohne die schnellen Eingebungen vom intuitiven Denken völlig zu ignorieren.

Bei der Problemabgrenzung unterstützen

Es liegt auf der Hand, dass Führungskräfte vorrangig dabei unterstützen sollten, komplexe organisatorische Herausforderungen in kleinere, lösbare Teile zu zerlegen. Um ein Entscheidungsproblem dann weiter systematisch im Team abzugrenzen, sollte eine Führungskraft mehrere Aspekte beachten und sich möglicher Verzerrungen in der Wahrnehmung und Verhalten der Betroffenen Teammitglieder bewusst sein.

Der erste Schritt ist, das Problem präzise zu definieren. Oftmals ist das Problem breiter, als es auf den ersten Blick erscheint. Eine klare Abgrenzung verhindert, dass das Team unnötig Zeit mit irrelevanten Themen verbringt. Hier hilft es, die Ursache des Problems zu ermitteln und die Ziele der Entscheidung festzulegen. Insbesondere bei Entscheidungsproblemen, die die Teammitglieder direkt betreffen, muss die Führungskraft mit Verzerrungen in der Problemabgrenzung rechnen. Wie im früheren Abschnitt beschrieben ist hier vor allem die Status-quo-Verzerrung von Bedeutung. Es beschreibt das Bedürfnis, den aktuellen Zustand beizubehalten, selbst wenn Veränderungen notwendig sind. Dies geschieht oft aus Angst vor Unsicherheit oder Verlust. Hier sollte die Führungskraft das Team dazu ermutigen, Alternativen objektiv zu bewerten und nicht impulsiv (s. „schnelles Denken", oben) die bestehende Situation zu bevorzugen. Gleichzeitig sollte kritisches Denken gefördert werden, um *Groupthink* zu vermeiden. Wie im ersten Abschnitt des Buches beschrieben, verzichten Teammitglieder aus Harmoniebedürfnis auf kritische Meinungen. Überlegtes Denken ist ebenfalls wichtig, um gegebenenfalls emotional aufgeladene Diskussionen (z. B. durch persönliche Interessen oder Ängste) zu erörtern. Eine Führungskraft sollte darauf achten, dass emotionale Reaktionen nicht dominieren und das rationales überlegtes Denken ermöglicht wird. Hierbei ist es wichtig, Emotionen anzuerkennen, aber gleichzeitig sicherzustellen, dass diese nicht die sachliche Analyse verdrängen. Schließlich sollte der Entscheidungsprozess schon bereits bei der Problemabgrenzung klar strukturiert sein – wer hat welche Rolle, wie wird die Entscheidung getroffen (z. B. Konsens, Mehrheitsabstimmung) und wann wird eine Entscheidung fällig. Dies schafft Transparenz und Orientierung für alle Teammitglieder.

Ursachen erkennen: Aus schlechten Entscheidungen lernen

Führungskräfte, die Entscheidungsprozesse in Teams steuern, haben sicherlich schon diverse Erfahrungen in diesem Umfeld gesammelt. Wahrscheinlich sind dabei auch einige der vergangenen Entscheidungen nicht immer ganz glücklich verlaufen. Für solche „schlechten Entscheidungen" sollten die Ursachen sorgfältig analysiert werden. Häufig resultieren diese aus mangelnder Motivation oder kognitiven oder emotionalen Verzerrungen. Es gilt, zwei Schlüsselfragen zu stellen: Handeln die Teammitglieder überhaupt nicht, was auf mangelnde Motivation hinweist? Oder handeln sie, aber machen systematische Fehler, die durch Verzerrungen entstehen? Diese beiden Ursachen können oft zusammen auftreten.

Motivations- und Kognitionsprobleme sind oft darauf zurückzuführen, dass das intuitive, schnelle (System 1) Denken das langsame, analytische (System 2) Denken dominiert. Für Teamleiter ist es wichtig, diese Verzerrungen zu erkennen und gegenzusteuern, indem sie klare Entscheidungsrahmen setzen und sicherstellen, dass das Team rationale und informierte Entscheidungen trifft.

Beispiel für eine System-1 dominierte Entscheidung

In einem Automobilunternehmen steht ein Team vor der Entscheidung, ob ein neues Elektromodell mit kürzerer Reichweite als branchenüblich dafür aber zu einem deutlich geringeren Preis schnell auf den Markt gebracht werden soll, um einen Wettbewerbsvorteil zu sichern. Einige Teammitglieder, beeindruckt von den innovativen Funktionen des Prototyps, drängen darauf, die Produktion sofort zu starten und übersehen dabei potenzielle Risiken, wie die noch unvollständig getesteten Sicherheitssysteme und mögliche Fertigungsprobleme. Die Euphorie über die neue Technologie dominiert die Diskussion, und es wird kaum hinterfragt, ob der Prototyp tatsächlich marktreif ist.

In diesem Beispiel wird deutlich, wie sich das Team von ihrem schnellen, intuitiven System-1-Denken leiten lässt und dabei potenzielle Risiken übersieht. Ein erfahrener Teamleiter erkennt die kognitive Verzerrung. In diesem Beispiel wird unter anderem ein „Bestätigungsfehler" deutlich, bei dem das Team vor allem positive Aspekte des Prototyps wahrnimmt und kritische Stimmen ignoriert. Um dies zu korrigieren, müsste der Teamleiter einen strukturierten Entscheidungsprozess aufsetzen. Hierzu würde ein detaillierter Prüfbericht der Sicherheitstests und eine Risikoanalyse für mögliche Verzögerungen zählen. Durch diese konkreten Maßnahmen würde der Teamleiter dafür sorgen, dass rationale, fundierte Entscheidungen getroffen werden und nicht von impulsivem Enthusiasmus geleitet sind.

Lösungsentwicklung bei Entscheidungsproblemen: subtil steuern

In der betrieblichen Praxis und der Forschung haben sich zur Lösung eines Entscheidungsproblems die Anwendung von Entscheidungsarchitekturen und Nudges etabliert (Thaler & Sunstein, 2021). Diese Konzepte zielen darauf ab, das Verhalten von Menschen durch die Art und Weise, wie Informationen und Optionen präsentiert werden, subtil zu lenken, ohne die Entscheidungsfreiheit einzuschränken. Großkonzerne nutzen solche Methoden, um Mitarbeiter zu gesünderen Entscheidungen zu motivieren, etwa durch kleinere Teller in der Kantine, was das Essverhalten positiv beeinflusst. Für Teamleiter ist dieses Konzept relevant, wenn sie Entscheidungsprozesse in Teams steuern. Durch gezielte Entscheidungsarchitekturen können sie die Art und Weise gestalten, wie

Informationen und Optionen präsentiert werden, um menschliches Verhalten zu lenken. Durch subtile Anpassungen in der Entscheidungsumgebung helfen sie dabei Teams, bessere Entscheidungen zu treffen, ohne ihre Wahlfreiheit einzuschränken.

Schnelles und überlegtes Denken ausbalancieren

Beshears und Gino (2015) schlugen in ihren Studien verschiedene Ansätze vor, wie die Denksysteme aus schnellem und überlegten Denken in Entscheidungsprozessen angeglichen werden können. Hinsichtlich des schnellen Denkens führten sie an, dass sie sowohl problematisch als auch nützlich für den Entscheidungsprozess sein können. Führungskräfte können System-1-Denken gezielt nutzen, um positive Effekte zu erzielen, wenn beispielsweise Aspekte wie Euphorie oder andere Formen der Begeisterung Entscheidungen beeinflussen können. Für Teamleiter bedeutet das, dass sie emotionale und kognitive Verzerrungen erkennen und gezielt nutzen sollten, um die Teamleistung und Entscheidungsqualität zu verbessern. Sie sollten klare Entscheidungsrahmen setzen und Prozesse optimieren, um die Motivation und Effektivität des Teams zu steigern.

Um Impulsentscheidungen vorzugreifen und fundierte Entscheidungen zu treffen, sollte gleichzeitig das überlegte (System-2) Denken gefördert werden. Eine hilfreiche Methode ist die gemeinsamen Bewertungen einer Alternative anstelle von separaten, individuellen Bewertungen. Bei der gleichzeitigen Bewertung von Entscheidungsalternativen fördert die gleichzeitige Betrachtung eine objektivere Entscheidung und reduziert Verzerrungen wie Stereotypen. Dies kann beispielsweise bei der Auswahl von Projektideen oder bei Beförderungen innerhalb des Teams hilfreich sein. Auch fördert die Schaffung von Reflexionsmöglichkeiten ein umfassenderes Denken in Teams. Indem Teamleiter gezielt Zeiten zum Nachdenken einplanen oder Reflexionsaufgaben integrieren, fördern sie tiefere Überlegungen und verbessern die Entscheidungsqualität. Dies könnte durch regelmäßige Review-Meetings oder Feedback-Sessions geschehen, in denen Teammitglieder ihre Gedanken zu laufenden Projekten austauschen. Anstatt sich nur auf eine Option zu konzentrieren, können Teamleiter Fragen wie „Was könnte ich tun?" anregen, um alternative Ansätze zu identifizieren und damit einseitige Sichtweisen zu vermeiden. Durch diese Ansätze können Teamleiter die Entscheidungsfindung in ihrem Team systematisch verbessern und sicherstellen, dass bessere Entscheidungen getroffen werden. Eine Führungskraft kann somit die Voreingenommenheit und mangelnde Motivation im Entscheidungsprozess seines Teams umgehen, indem sie Prozesse ergänzen, die beide Denksysteme miteinbezieht.

Wie kann das Urteilen in Entscheidungsfindungen verbessert werden?

Im letzten Kapitel haben wir uns ausgiebig mit der systematischen Verzerrung im Entscheidungsprozess befasst. Neben dieser „Biases" kann aber auch eine zufällige und oft unerklärliche Streuung von Urteilen unter identischen Umständen ebenso entscheidend sein – mit möglicherweise noch größeren Auswirkungen. In ihrem Buch „Noise" haben sich David Kahneman, Olivier Sibony und Cass R. Sunstein (2021) mit diesem Phänomen beschäftigt. Unter Juristen sind die Studien bekannt, in denen nachgewiesen wurde, dass Richter mit Hunger – also vor der Mittagspause –, härtere Urteile sprechen als sie es vielleicht mit gestilltem Hunger – nach der Mittagspause – täten (Danziger et al., 2011). Kahneman et al. (2021) verdeutlichen, dass Entscheidungen in verschiedenen Disziplinen, von Medizin und Justiz bis hin zu Finanz- und Unternehmensentscheidungen, von erheblichem **Rauschen** („Noise") betroffen sind. Rauschen entsteht durch Unterschiede in individuellen Perspektiven, situativen Einflüssen und emotionalen Schwankungen der Entscheider.

> ### Rauschen („Noise") in der Entscheidungsfindung
> Die unerwünschte Variabilität bei Urteilen und Entscheidungen, die nicht auf systematische Verzerrungen, sondern auf zufällige Schwankungen zurückzuführen ist. Rauschen entsteht, wenn unterschiedliche Personen oder dieselbe Person zu unterschiedlichen Zeitpunkten inkonsistente Ent-

scheidungen in identischen Situationen treffen. Diese Schwankungen führen zu unvorhersehbaren und teils erheblichen Abweichungen im Entscheidungsverhalten, was die Qualität der Entscheidungen mindert. So können z. B. verschiedene Gutachter in einer Versicherung für identische Schadensfälle unterschiedlich hohe Entschädigungsbeträge festlegen. Dies verursacht Kosten und untergräbt die Fairness.

Ursachen für Rauschen können individuelle Unterschiede, wie etwa persönliche Erfahrungen, Stimmungen und Tagesformen sein. Rauschen entsteht auch durch situative Faktoren wie den Zeitpunkt oder Kontext der Entscheidung, etwa ob eine Entscheidung morgens oder nachmittags getroffen wird.

Kahneman und seine Kollegen (2021) erklären, dass Entscheidungen sowohl von Bias als auch von Rauschen beeinflusst werden, die sich jedoch grundlegend unterscheiden. Bias ist eine systematische Abweichung in eine Richtung; es führt dazu, dass Urteile auf vorhersehbare Weise verzerrt sind. Noise hingegen ist die zufällige Variabilität, die dazu führt, dass zwei Menschen oder dasselbe Individuum zu unterschiedlichen Zeitpunkten sehr unterschiedliche Entscheidungen treffen können. Das Beispiel zur Strafbemessung wurde oben bereits kurz beschrieben: Richter könnten unter gleichen Bedingungen für vergleichbare Fälle völlig unterschiedliche Strafen verhängen – ein klarer Fall von Rauschen. Aus organisatorischer Sicht ist es gerade die Unvorhersehbarkeit, die Unternehmensentscheidungen schaden kann. Einfach ausgedrückt wird es durch dieses Rauschen schwieriger, verlässliche und objektive Entscheidungen zu treffen.

Strategien zur Reduzierung von Rauschen

Um Noise zu reduzieren, legen Kahneman, Sibony und Sunstein eine Reihe von Ansätzen dar. Alle zielen darauf ab, die Konsistenz und Qualität der Entscheidungsfindung zu verbessern und zufällige Schwankungen zu reduzieren, die unter den gleichen Bedingungen zu unterschiedlichen Urteilen führen könnten. Die wichtigsten Aspekte werden im Folgenden skizziert:

- **Strukturierte Entscheidungsprozesse**
  Strukturierte und standardisierte Entscheidungsprozesse helfen, subjektive Unterschiede zwischen Entscheidern zu reduzieren. Das bedeutet, anstelle intuitiver oder informeller Entscheidungen klare Verfahren und standardisierte Richtlinien zu verwenden. Strukturierte Entscheidungen folgen festgelegten Kriterien und Checklisten, um sicherzustellen, dass jeder Aspekt einer Entscheidung bedacht wird. Dies verringert die Variabilität, die durch individuelle Einschätzungen entstehen kann.

- **Unabhängige Meinungsbildung**
  Eine der Hauptursachen für Noise in Gruppen ist die Beeinflussung durch andere – sogenanntes Gruppendenken. Um dies zu reduzieren, sollten Entscheidungsträger Informationen und Bewertungen unabhängig voneinander sammeln und analysieren, bevor sie sich austauschen. Indem jeder unabhängig zum Urteil gelangt, bevor er in die Gruppe geht, kann die Entscheidung freier von sozialen Einflüssen werden.

- **Sequenzielles Urteil anstatt Gesamteinschätzung**
  Komplexe Entscheidungen können auch in mehrere kleinere, sequenzielle Schritte unterteilt werden. Anstatt eine Gesamtbewertung abzugeben, bewerten die Entscheider zunächst einzelne Aspekte separat und kommen erst danach zu einer Gesamteinschätzung. Diese sequenzielle Vorgehensweise verhindert, dass ein einzelnes Detail das gesamte Urteil dominiert und unbewusste Verzerrungen verstärkt.

- **Checklisten und strukturierte Bewertungskriterien**
  Standardisierte Checklisten und Bewertungskriterien sorgen dafür, dass alle relevanten Faktoren konsistent berücksichtigt werden. Checklisten sind besonders hilfreich, um sicherzustellen, dass keine wichtigen Punkte übersehen werden und die Entscheidung konsistent mit früheren Fällen getroffen wird. Diese Methode reduziert Noise, da alle Entscheidenden dieselben Faktoren und Kriterien prüfen.

- **Berücksichtigung externer Faktoren und regelmäßige Pausen**
  Äußere Einflüsse wie Müdigkeit oder Stress wirken oft subtil auf Entscheidungen. Es klingt banal, aber Pausen sollten somit in Entscheidungsprozesse integriert werden. Auch sollten Zeit-Effekte in der

Planung berücksichtigt werden. Studien zeigen, dass Entscheidungen im Tagesverlauf variieren können, daher hilft es, wichtige Entscheidungen zu einem Zeitpunkt zu treffen, an dem die mentale Energie am höchsten ist.

An diesen Ansätzen sehen wir, dass der gezielte Einsatz von strukturierten Prozessen, unabhängigen Urteilen, Checklisten und der bewussten Überwachung von Noise wichtige Effekte haben kann, um Zufallsvariabilität zu reduzieren. Führungskräfte und Organisationen können dadurch Entscheidungen verbessern und konsistenter gestalten, indem sie diese Maßnahmen anwenden und Entscheidungsprozesse gezielt steuern. Ein Beispiel aus der Bauwirtschaft verdeutlicht dies:

Beispiel von Strategien um das Rauschen (Noise) zu reduzieren

Ein Bauingenieur ist Teamleiter bei einem Generalbauunternehmen. Er steht vor einer wichtigen Entscheidung: Es geht darum, die beste Lieferantenfirma für den Beton eines Großprojekts auszuwählen. Diese Entscheidung ist komplex, da es viele Faktoren wie Qualität, Preis, Zuverlässigkeit und Lieferzeiten zu berücksichtigen gilt. Um sicherzustellen, dass die Entscheidung konsistent, objektiv und frei von unnötigem Noise ist, wendet er die Prinzipien der Decision Hygiene (Kahneman et al., 2021) an.

Strukturierter Entscheidungsprozess

Er erstellt einen klaren Kriterienkatalog, der Aspekte wie Preis, Qualität, Liefertermintreue und Umweltzertifizierungen umfasst. Er legt fest, dass jedes Teammitglied diese Faktoren unabhängig bewerten soll, bevor das Team zusammenkommt. So entsteht eine objektive, transparente Grundlage.

Unabhängige Meinungsbildung

Bevor die Gruppe die Bewertungen diskutiert, bittet er jedes Teammitglied, eine Punktbewertung für die einzelnen Kriterien jedes Lieferanten abzugeben. Die Bewertungen werden gesammelt und anonymisiert, damit sich niemand an den Meinungen anderer orientieren kann.

Sequenzielles Urteil und Vergleich

Er lässt das Team in einer Besprechung die einzelnen Bewertungskategorien nacheinander diskutieren, um sich nur auf einen Faktor nach dem anderen zu konzentrieren. So wird verhindert, dass die Diskussion sofort von einem besonders günstigen Preis oder einer markanten Eigenschaft eines Lieferanten dominiert wird.

> **Checklisten**
> Die Checkliste, die er bereitstellt, stellt sicher, dass das Team alle wichtigen Aspekte abdeckt. Sie enthält auch Fragen wie „Welche Risiken bestehen bei diesem Lieferanten?" oder „Gab es in der Vergangenheit Probleme?"
> **Bewusstsein für Timing und Pausen**
> Da die Besprechung nach einem langen Arbeitstag angesetzt ist, plant er eine Pause ein, bevor das Team zu einer endgültigen Entscheidung kommt. So kann er sicherstellen, dass alle Teammitglieder noch mental frisch sind und keine vorschnellen Urteile treffen.

Für Führungskräfte ist das Konzept von *Rauschen* wichtig, da ihre Urteile oft direkt die Richtung, Effizienz und Leistung des Teams beeinflussen. Führungskräfte müssen oft schnelle Entscheidungen treffen und sind dabei anfällig für Rauschen, da ihre Entscheidungen oft durch wechselnde Tagesform, situative Gegebenheiten und individuelle Präferenzen beeinflusst werden. Wenn die Bewertung von Teammitgliedern, Projektprioritäten oder Zielvorgaben stark variieren, kann dies die Konsistenz und Fairness in der Teamführung untergraben. Wie im Beispiel verdeutlicht, können Führungskräfte durch die vorgeschlagenen Aspekte für klarere, konsistentere Entscheidungen sorgen. Für Führungskräfte ist es daher hilfreich, die Auswirkungen von Noise zu kennen und Maßnahmen zu entwickeln, um konsistente und verlässliche Entscheidungsgrundlagen zu schaffen.

3   Schlüsselfaktoren der Führung bei komplexen Problemen

Komplexe Entscheidungen zeichnen sich durch hohe Unsicherheit, vielschichtige Einflussfaktoren und oft auch durch widersprüchliche Ziele aus. Um in solchen Situationen erfolgreich zu sein, sollten Führungskräfte bestimmte Schlüsselkomponenten der Teamführung nutzen und auf bewährte Theorien der Verhaltensökonomie zurückgreifen. Auf Basis aller Vorüberlegungen beschreibt dieser Abschnitt kompakt die Schlüsselkomponenten erfolgreicher Teamführung in komplexen Entscheidungssituationen.

1. Riskante, kollektive Entscheidungen mit Prioritäten strukturieren

Die Entscheidungsfindung ist eine der Kernphasen von Entscheidungen. Insbesondere in Situationen, die Unsicherheit und Risiko beinhalten, kann die Dynamik der Gruppe allerdings stark beeinflussen, wie Entscheidungen getroffen und umgesetzt werden. Gerade komplexe Situationen zeichnen sich durch eine hohe Anzahl von Variablen, Unsicherheiten und möglichen Ergebnissen aus. In solchen Fällen bietet die **kollektive Entscheidungsfindung** einen Vorteil, da sie mehrere Sichtweisen integriert und die kognitive Last auf mehrere Teammitglieder verteilt. Dies fördert eine gründlichere Analyse und schafft Raum für kreative Lösungen, die in Einzelentscheidungen oft übersehen werden. Für die Team- oder Projektleitung birgt sie jedoch auch Herausforderungen: Ohne eine klare Führung können Diskussionen schnell unübersichtlich werden und die Entscheidungsfindung lähmen. Als Teamleitung muss man in diesen Fällen die Diskussionen moderieren, die verschiedenen Perspektiven lenken und sicherstellen, dass die Entscheidungsfindung nicht durch Gruppendenken oder unnötige Verzögerungen beeinträchtigt wird. In solchen Situationen sind Teamleiter gefordert, ein Gleichgewicht zwischen Konsens und Effizienz zu finden. Sie müssen einerseits genug Raum für Diskussionen lassen, andererseits aber auch den Entscheidungsprozess straffen, um zum Ergebnis zu kommen.

Wie so oft in Unternehmenssituationen hilft eine **strukturierte Herangehensweise,** die Komplexität zu reduzieren und Klarheit zu schaffen. Strukturierte Entscheidungsprozesse umfassen in der Regel Schritte wie die Definition des Problems, die Sammlung von Daten, die Generierung von Alternativen, die Bewertung der Optionen und die endgültige Auswahl. Diese Prozesse schaffen Transparenz und fördern eine objektivere Entscheidungsfindung. Methoden wie Brainstorming, Entscheidungsmatrizen oder Szenarioanalysen können hierbei helfen, die Entscheidungsfindung zu systematisieren. Diese Werkzeuge ermöglichen es, komplexe Probleme in handhabbare Teile zu zerlegen, und erleichtern es dem Team, eine fundierte Entscheidung zu treffen. Aus Sicht von möglichen Verzerrungen verhindert so ein Prozess auch, dass emotionale oder kurzfristige Impulse die Entscheidung dominieren.

Teamentscheidungen sollten dabei auch stets an den übergeordneten **Unternehmenszielen** ausgerichtet sein. Eine sinnvolle Vorgehensweise ist, im Team fünf zentrale **Prioritäten** festzulegen, die den Entscheidungsprozess gezielt lenken. Diese Priorisierung hilft, unüberlegte oder voreilige Entscheidungen zu vermeiden. Gleichzeitig erleichtert sie die Abstimmung mit anderen Führungskräften, da die präferierten Optionen transparent auf die Unternehmensziele bezogen werden können.

Und trotzdem wiegen **Unsicherheit** und **Risiko** schwer in solchen Phasen. Die Forschung zeigt, dass Teams häufig dazu neigen, Risiken entweder zu unterschätzen oder zu überschätzen, insbesondere wenn emotionale Faktoren ins Spiel kommen (Luan et al., 2019). Daher ist es wichtig, dass Teamleiter Mechanismen zur Risikobewertung implementieren und die Teammitglieder zu einem realistischen Umgang mit Unsicherheit anleiten. Dabei können sie Rahmenbedingungen schaffen, die es dem Team ermöglichen, Risiken methodisch zu bewerten (z. B. Szenarioanalyse). Auch kann „Fail-Safe"-Denken hier helfen. Bei diesem Ansatz entwickeln Teams von Anfang an Pläne, um mögliche negative Konsequenzen von Entscheidungen zu steuern. Dies verringert die Angst vor Fehlern und fördert eine proaktive Risikomanagementkultur. Für Teamleiter ist es wichtig, in Zeiten von Unsicherheit eine klare Vision und Orientierung zu bieten. Dies bedeutet nicht, alle Antworten zu haben, sondern den Entscheidungsprozess so zu gestalten, dass das Team in der Lage ist, mit Unsicherheit ergebnisorientiert umzugehen.

2. Teamdynamiken verstehen

Die Führung von Teams in Entscheidungsprozessen ist ein umfassend erforschtes Gebiet (Mathieu et al., 2017). Sie erfordert ein gutes Verständnis der zwischenmenschlichen Dynamiken, die das Teamverhalten prägen. Drei zentrale Faktoren – Teamdynamik, Teamkohäsion und das Rollenverständnis – spielen dabei eine entscheidende Rolle (Grossman et al., 2022). Sie beeinflussen, wie gut und geräuschlos Entscheidungen getroffen werden und wie erfolgreich die Teammitglieder zusammenarbeiten, um gemeinsame Ziele zu erreichen.

Die **Teamdynamik** beschreibt die Art und Weise, wie Mitglieder miteinander interagieren und zusammenarbeiten. In kollektiven Entscheidungsprozessen beeinflusst sie maßgeblich, wie Informationen ausgetauscht und Meinungen diskutiert werden. Eine gesunde Teamdynamik fördert Offenheit, Vertrauen und Respekt. Dies führt nachweislich wiederum zu einer stärkeren Partizipation und einer besseren Entscheidungsqualität. Teamleiter haben hier die Aufgabe, die Dynamik aktiv zu steuern, indem sie sicherstellen, dass alle Mitglieder die Möglichkeit haben, sich einzubringen, und dass keine Person die Diskussion dominiert. Solche Teams tendieren dazu, Herausforderungen konstruktiv zu bewältigen. Umgekehrt können Dynamiken, ungelöste Konflikte oder Missverständnisse, den Entscheidungsprozess behindern. Ein entscheidender Aspekt für die Teamleitung ist die Förderung der psychologischen Sicherheit. Hierbei geht es um das Gefühl der Teammitglieder, ihre Meinungen äußern zu können, ohne negative Konsequenzen fürchten zu müssen (Lattuch, 2024). Dadurch wird verhindert, dass innovative Ideen unterdrückt werden, und das Team ist in der Lage, bessere und kreativere Entscheidungen zu treffen.

Wer sich intensiv mit seinem und anderen Teams auseinandersetzt, ist zwangsläufig schon einmal über den Begriff oder das Phänomen **Teamkohäsion** gestolpert. Er beschreibt den Grad des Zusammenhalts und der Verbundenheit unter den Teammitgliedern (Neffe et al., 2024). Ein hohes Maß an Kohäsion stärkt die Zusammenarbeit und das Engagement für gemeinsame Ziele. Dies wirkt sich auf kollektive Entscheidungsprozesse aus. In einer Untersuchung in Familienunternehmen konnte so beispielsweise nachgewiesen werden, dass Teams mit hoher Kohäsion durch transformationale Führungskräfte geführt, zu einem besonders hohen Leistungsniveau neigen (Neffe et al., 2022). Ein Erklärungsansatz war, dass solche Teams Konflikte schneller lösen und Entscheidungen schneller umsetzen, da sie ein starkes Wir-Gefühl haben und ein gemeinsames Verständnis teilen. Mit den hohen Freiheitsgraden der transformationalen Führung kann dies zusätzlich gefördert werden. Im ersten Kapitel des Buches wurde jedoch auch beschrieben, dass ein zu starkes Zusammengehörigkeitsgefühl durchaus negative Effekte haben kann, insbesondere in Form von Groupthink. Also wenn Teammitglieder individuelle Meinungen unterdrücken, um den Zusammenhalt zu wahren. Teamleiter müssen daher darauf achten, eine Balance zu finden: Einerseits sollten sie den Zusammenhalt fördern, andererseits aber auch Raum für abweichende Meinungen und kritisches Denken schaffen. Für dieses Problem gibt es eine einfache Lösung: Um die Kohäsion zu stärken, sollten Teamleiter gemeinsame Ziele betonen, Erfolgserlebnisse teilen und regelmäßige Teamentwicklungsmaßnahmen initiieren. Solche Aktivitäten helfen, Vertrauen aufzubauen und eine Kultur der Zusammenarbeit zu etablieren. Sie unterstützt somit kollektive Entscheidungen und lässt eine kritische Auseinandersetzung mit dem Entscheidungsproblem untereinander zu.

Eine dritte Komponente für die Teamarbeit in Entscheidungsfindungsprozessen ist das **Rollenverständnis.** Klar definierte Rollen sind unerlässlich, um gute Entscheidungsprozesse in Teams zu ermöglichen. Rollen im Team geben den Mitgliedern Struktur, Orientierung und Klarheit. Sie legen dabei fest, wer welche Aufgaben übernimmt und wer für welche Entscheidungen *verantwortlich* ist. Ein klares Rollenverständnis trägt daher dazu bei, Missverständnisse zu vermeiden und Konflikte zu reduzieren (siehe Punkt *Konflikte umsichtig entschärfen* in diesem Abschnitt). Teamleiter müssen darauf achten, dass die Rollenverteilung den Stärken und Kompetenzen der Teammitglieder entspricht und flexibel bleibt, um sich an wechselnde Anforderungen anzupassen. Wenn die Rollen zu starr sind, kann dies zu Frustration oder einem Gefühl von Ungerechtigkeit führen, wenn Teammitglieder glauben, ihre Fähigkeiten nicht optimal einsetzen zu können. Flexibilität in der Rollenzuweisung erlaubt es den Teammitgliedern, sich an neuen Aufgaben zu versuchen und gleichzeitig das Team als Ganzes zu stärken. Wichtig ist auch die Förderung der **Rollenklarheit.** Jedes Mitglied sollte verstehen, welche Erwartungen an seine Rolle geknüpft sind, um unnötige Doppelarbeit oder Verantwortungsdiffusion zu vermeiden. Rollen können im Entscheidungsprozess auch dynamisch eingesetzt werden, indem beispielsweise ein Teammitglied zeitweise die Rolle verschiedener Stakeholder übernimmt, um konträre Perspektiven einzubringen und die Qualität der Entscheidungen zu verbessern. Nach unseren Beobachtungen sind Teamdynamik, Kohäsion und Rollenverständnis wesentliche Faktoren, die den Erfolg kollektiver Entscheidungsprozesse beeinflussen. Ein Teamleiter, der diese Aspekte bewusst steuert und fördert, kann sein Team zu besseren Entscheidungen führen, Konflikte minimieren und die Motivation der Mitglieder auch in schwierigen Prozessphasen stärken.

Vielleicht ist es aber auch die **Teamzusammenstellung**, die hier einen wichtigen Einfluss auf den Erfolg nimmt? Teams bestehen oft aus Personen, auf deren Auswahl man wenig Einfluss hat. Im Alltag muss eine Führungskraft einfach mit dem Personal auskommen, das ihm oder ihr zur Verfügung gestellt wird. Doch wenn die Möglichkeit zur Mitgestaltung besteht, sollte neben Fachwissen und Teamfit auch die Gruppengröße beachtet werden: Ideal sind zwei bis sechs Personen, da dies den Austausch fördert und die Effizienz wahrt. Unterschiedliche Sichtweisen in einer solchen Gruppe reduzieren potenzielle Einseitigkeiten. Wichtig ist es zudem, alle relevanten Stakeholder einzubinden, ohne den Prozess unnötig zu verzögern. Studien zeigen, dass ab sieben Personen die Effizienz abnimmt, was besonders bei bereichsübergreifenden Runden gilt, wo eine zu große Gruppe Entscheidungen erschweren kann (Mueller, 2012).

3. **Brillant zwischen Entscheidungsparteien kommunizieren**

Die Entscheidungsfindung in Teams erfordert eine klare Kommunikation sowie die systematische Einbindung von Feedback-Mechanismen. Diese beiden Faktoren sind wichtig, um die Qualität der Entscheidungen zu erhöhen und die Teamdynamik zu fördern. Mit Kommunikation ist hier der Austausch von Informationen, Ideen und Meinungen innerhalb eines Teams gemeint. Sie sind die Basis für Verständnis, Abstimmung und Weiterentwicklung. Im Entscheidungsprozess ermöglicht eine offene Kommunikation den Zugang zu vielfältigen Perspektiven und reduziert das Risiko, wichtige Informationen zu übersehen. Für Teamleiter besteht die Herausforderung darin, eine Umgebung zu schaffen, in der alle Teammitglieder ihre Gedanken und Meinungen äußern können. Vielleicht bedeutet erfolgreiches Kommunizieren auch die Erkenntnis, dass für den zielgerichteten Austausch häufig ergänzende Informationen hilfreich sind. Hier darf eine Teamleitung mutig sein und gezielt fehlende Informationen für den Austausch identifizieren. Es ist also für Teamleitungen wichtig zu erkennen, dass noch Daten und Informationen fehlen: Welche zusätzlichen Informationen sind nötig? Eine Liste der offenen Punkte, erstellt mit dem Team, schafft eine fundiertere Entscheidungsbasis. Es kann hilfreich sein, gezielt andere Abteilungen oder Führungskräfte einzubeziehen, um diese Lücken zu füllen. Die Teamleitung übernimmt hier die Rolle des Vermittlers, um Informationen zu bündeln und Wissenslücken zu schließen. So werden Entscheidungen auf einer breiteren Datenbasis getroffen, was die Qualität steigert und die Zusammenarbeit zwischen Teams stärkt. Entscheidungen beruhen dadurch weniger auf bekannten, aber unvollständigen Informationen und umfassen mehr Perspektiven. Aber jetzt kommt der Spagat: Gleichzeitig sollten Führungskräfte prüfen, ob zusätzliche Daten die Komplexität zu stark erhöhen. Dies ist dann situationsabhängig zu entscheiden.

Es ist nicht verwunderlich, dass **Feedback** im Alltag von Führungskräften nicht an der Spitze der Agenda steht. Trotzdem sollten wir nicht müde werden, es als Instrument einzufordern und als Führungskraft anzubieten. Insbesondere bei der Entscheidungsfindung ermöglicht es den Teams, den Fortschritt ihrer Überlegungen zu bewerten und notwendige Anpassungen vorzunehmen. Es schafft Transparenz und gibt den Mitgliedern die Möglichkeit, Schwächen in Argumentationen oder Entscheidungen aufzudecken. Förderung von Feedback-Mechanismen bedeutet, dass Teamleiter aktiv dazu ermutigen sollten, Kritik und Verbesserungsvorschläge in den Entscheidungsprozess einzubringen. Durch regelmäßige Feedback-Schleifen können Teams schnell auf Bedenken reagieren und Entscheidungen dynamisch anpassen. Ein konstruktiver Feedback-Prozess stärkt auch das *Vertrauen* im Team. Die Teammitglieder haben hierdurch das Gefühl, dass ihre Beiträge geschätzt und ernst genommen werden. Hier ist es wichtig, dass der Teamleiter eine offene, nicht-defensive Kultur fördert, in der Feedback als Chance zur Verbesserung und nicht als persönliche Kritik wahrgenommen wird.

Durch die Förderung einer offenen Kommunikationskultur und regelmäßiger Feedback-Schleifen kann der Teamleiter dafür sorgen, dass alle relevanten Aspekte eines Problems berücksichtigt werden. Dies erhöht die Wahrscheinlichkeit, dass getroffene Entscheidungen fundiert und umfassend sind. Teammitglieder, die aktiv in die Kommunikation und Feedback-Prozesse eingebunden sind, fühlen sich stärker verantwortlich für die getroffene Entscheidung und setzen diese sehr wahrscheinlich mit höherer Motivation und Sorgfalt um. Die größte Herausforderung in der kollektiven Kommunikation besteht jedoch darin, eine Balance zwischen Offenheit und Zielorientierung zu finden. Zu offene Diskussionen können den Entscheidungsprozess verlängern, während eine zu starke Strukturierung Innovation und Kreativität behindern kann. Teamleiter müssen also eine klare Richtung vorgeben, ohne den kreativen Raum für Diskussionen und neue Ideen einzuschränken. Eine Lösung besteht darin, klare Kommunikations- und Feedback-Strukturen zu etablieren, die flexibel genug sind, um unterschiedliche Perspektiven zu integrieren.

Zu einer nachhaltigen Kommunikation gehört sicherlich auch die Dokumentation. Dokumentation mag keine beliebte Aufgabe sein, ist jedoch entscheidend: Entscheidungen sollten nicht nur festgehalten, sondern auch mit den zugrunde liegenden Gründen versehen werden. Diese Transparenz erleichtert spätere Erfolgskontrollen und schafft Klarheit in Abstimmungsprozessen mit anderen Führungskräften. Ebenso ist es hilfreich zu vermerken, inwieweit das Team die Entscheidung unterstützt, um Beteiligung und Akzeptanz sichtbar zu machen. Eine gute Dokumentation schützt vor dem Vergessen wichtiger Details und hilft, Entscheidungen objektiv und nachvollziehbar zu gestalten. So wird vermieden, dass Entscheidungen von spontanen Eindrücken statt durchdachten Überlegungen geprägt werden.

4. Konflikte umsichtig entschärfen

Unterschiedliche Meinungen und Ansichten führen in Entscheidungsprozessen schnell zu Konflikten. Sie sind unvermeidbar. Sie entstehen in Teams häufig durch unterschiedliche Perspektiven, Interessen oder Prioritäten der Mitglieder (Lattuch, 2024). Während sie auf den ersten Blick als hinderlich erscheinen mögen, können Konflikte in kollektiven Entscheidungsprozessen auch positive Auswirkungen haben – wenn sie konstruktiv genutzt werden. Vielleicht sind solche Konflikte auch nur ein Hinweis darüber, dass noch nicht alle Alternativen hinreichend beachtet wurden. Statt sich direkt für die naheliegendste Lösung zu entscheiden, sollte das Team drei bis vier weitere umsetzbare Alternativen entwickeln. Auch wenn dies mehr Aufwand bedeutet, verbessert es die Entscheidungsqualität, da eine größere Auswahl an Optionen eine fundiertere Basis schafft. Gleichzeitig werden hierdurch auch wichtige Argumente geliefert, entscheidungsbezogene Konflikte sachlich aufzulösen. Durch die bewusste Suche nach Alternativen wird vermieden, dass sich das Team vorschnell auf eine Lösung festlegt, unbewusst an bestehenden Wegen festhält oder unfreiwilligen Nährboden für Konflikte zu der einen (zu früh favorisierten) Lösung bietet.

Ein produktiver Umgang mit Konflikten fördert die Auseinandersetzung mit verschiedenen Meinungen, was die Entscheidungsqualität erhöhen kann. Hier kommt die Teamleitung ins Spiel: Für sie besteht die Herausforderung darin, Konflikte frühzeitig zu erkennen und so zu moderieren, dass sie zu einer Verbesserung des Entscheidungsprozesses führen, anstatt das Team zu spalten. Die folgenden Ansätze haben sich in der betrieblichen Praxis bei Konflikten bewährt:

• Kooperation und Integration: Diese Strategie zielt darauf ab, alle Beteiligten aktiv in den Entscheidungsprozess einzubeziehen, um eine Lösung zu finden, die den Interessen aller gerecht wird. Teamleiter fördern dabei den Dialog, um gemeinsame Lösungen zu erarbeiten.
• Kompromissbereitschaft: Diese Strategie ist nützlich, wenn es darum geht, schnell eine Lösung zu finden. Hierbei wird versucht, durch gegenseitige Zugeständnisse einen Mittelweg zu finden. Teamleiter sollten sicherstellen, dass der Kompromiss ausgewogen und fair ist, um die langfristige Zusammenarbeit im Team nicht zu gefährden.
• Moderation durch Führung: In Situationen, in denen Konflikte eskalieren, muss der Teamleiter als Vermittler agieren. Er sollte objektiv bleiben, das Gespräch lenken und sicherstellen, dass alle Parteien Gehör finden. Dies schafft ein Umfeld, in dem Konflikte produktiv gelöst werden können.

Auch können Teammitglieder aufgrund von emotionalen Bindungen, Vorurteilen oder Gruppendruck nicht objektiv entscheiden. In diesen Situationen spricht die Forschung von Gruppenverzerrungen. Sie können dazu führen, dass wichtige Informationen übersehen werden oder das Team sich auf eine suboptimale Lösung einigt. Eine der größten Herausforderungen für Teamleiter ist es, diese Verzerrungen zu erkennen und ihnen entgegenzuwirken. So könnte in Workshops explizit Raum für abweichende Meinungen geschaffen werden. In diesen Sitzungen ist von den Teilnehmern sicherzustellen, dass alle Optionen sorgfältig geprüft werden. Zudem können Teamleiter externe Experten oder „frische

Augen" einbeziehen, die nicht von den internen Dynamiken beeinflusst sind und daher eine objektivere Sichtweise bieten können. Man sieht, dass die Führungskraft nicht mit leeren Händen dasteht, wenn Konflikte im Team bei Entscheidungsfindungsprozessen auftreten. Wenn Konflikte produktiv genutzt und Verzerrungen vermieden werden, wird der Entscheidungsprozess nicht nur effizienter, sondern auch inklusiver und fundierter. Dies stärkt das Vertrauen innerhalb des Teams und erhöht die Wahrscheinlichkeit, zu besseren Entscheidungen zu gelangen.

Und wenn nun die Entscheidungen getroffen und Konflikte zielorientiert gelöst sind, ist die Nachbereitung des Prozesses vielleicht sogar die Kür für eine Führungskraft. Was ist damit gemeint? Es kann durchaus hilfreich sein schon zu Beginn eine Überprüfung der Entscheidung nach ein bis zwei Monaten einzuplanen. Teamleiter sollten nicht nur den Entscheidungsprozess steuern, sondern auch Umsetzung und Ergebnisse kontrollieren. Ein systematisches Nachbesprechen hilft dem Team, aus Erfahrungen zu lernen und bei Bedarf Anpassungen vorzunehmen. Zudem fördert diese regelmäßige Kontrolle die Zusammenarbeit mit anderen Führungskräften und ermöglicht rechtzeitige Korrekturen bei Fehlentscheidungen. Dieser Ansatz darf und sollte offen in den Entscheidungsteams kommuniziert werden. Und wenn Ergebnisse regelmäßig geprüft werden, ist es nicht unwahrscheinlich, dass die Bereitschaft im Team steigt, Entscheidungen bewusst und engagiert umzusetzen.

5. Partizipation mit klarer (langfristiger) Zielsetzung fördern

In kollektiven Entscheidungsprozessen sind Motivation und Engagement der Teammitglieder weitere wichtige Faktoren für den Erfolg. Wenn Teammitglieder motiviert sind und sich aktiv engagieren, steigert dies die Qualität der Entscheidungen und fördert eine positive Teamdynamik. Der Teamleiter spielt dabei eine Schlüsselrolle, indem er das Engagement seiner Teammitglieder fördert und eine unterstützende Umgebung schafft. Wir wissen das Motivation und Engagement maßgeblich die Art und Weise beeinflussen, wie Teammitglieder an Entscheidungsprozesse herangehen. Motivierte Mitarbeiter neigen dazu, kreativer zu sein, sich stärker einzubringen und eine höhere Verantwortungsbereitschaft zu zeigen. Dies führt zu einem dynamischeren Entscheidungsprozess, in dem unterschiedliche Perspektiven berücksichtigt und gute Lösungen gefunden werden. Gleichzeitig sollten die langfristigen Auswirkungen der Zielverfolgung im Blick behalten werden. Wir wissen, dass es nur natürlich ist, kurzfristig zu denken. Gerade bei komplexen Themen ist es oft naheliegend: Eine schnelle Lösung mag zunächst hilfreich erscheinen. Dennoch sollten Teamleiter die langfristigen Folgen von Entscheidungen berücksichtigen. Gemeinsam kann das Team mögliche Auswirkungen analysieren, um sicherzustellen, dass die Entscheidungen nachhaltig sind. Ein Zukunftsszenario hilft dabei, Risiken und Chancen klarer einzuschätzen und den Entscheidungsprozess auch gegenüber anderen Führungskräften fundiert zu kommunizieren. So wird verhindert, dass unmittelbare Vorteile überbewertet oder Entscheidungen durch bekannte Muster verzerrt werden.

In kollektiven Entscheidungsprozessen ist es wichtig, dass alle Teammitglieder aktiv teilnehmen. Unmotivierte oder zurückhaltende Teammitglieder können den Entscheidungsprozess verlangsamen oder verhindern, dass wichtige Ideen und Einsichten eingebracht werden. Ein Teamleiter muss daher Strategien entwickeln, um die Motivation der Teammitglieder aufrechtzuerhalten und ihr Engagement zu fördern. Diese könnten wie folgt aussehen:

- Klare Zielsetzung: Ein motiviertes Team benötigt klare, erreichbare Ziele. Der Teamleiter sollte die Entscheidungsfindung in einen größeren Kontext einbetten und den Teammitgliedern verdeutlichen, wie ihre Entscheidungen zur Erreichung der übergeordneten Team- und Unternehmensziele beitragen. Dies schafft Sinnhaftigkeit und steigert die intrinsische Motivation der Teammitglieder.
- Partizipation fördern: Der Teamleiter sollte sicherstellen, dass alle Teammitglieder gleichberechtigt an der Entscheidungsfindung teilnehmen können. Dies fördert das Gefühl von Eigenverantwortung und stärkt das Engagement. Ein offenes Diskussionsklima, in dem alle Stimmen gehört und respektiert werden, ist dabei entscheidend.
- Positive Bestätigung und Anerkennung: Anerkennung für individuelle Beiträge und Erfolge innerhalb des Entscheidungsprozesses kann die

Motivation erheblich steigern. Wenn der Teamleiter regelmäßig positive Rückmeldungen gibt und die Anstrengungen seiner Teammitglieder anerkennt, schafft er eine Atmosphäre der Wertschätzung, die das Engagement fördert.

• Verantwortungsübertragung: Indem der Teamleiter Verantwortung an die Teammitglieder delegiert, signalisiert er Vertrauen in ihre Fähigkeiten. Dies erhöht das Gefühl von Selbstwirksamkeit, was die Motivation und das Engagement weiter fördert. Gleichzeitig wird so die Eigeninitiative der Teammitglieder gestärkt, was den Entscheidungsprozess bereichert.

Wenn Teammitglieder sich für die Entscheidungen verantwortlich fühlen, steigt die Qualität der Entscheidungsfindung. Der Teamleiter sollte dies fördern, indem er klare Verantwortlichkeiten innerhalb des Prozesses schafft und die Teammitglieder ermutigt, ihre Meinungen und Ideen proaktiv einzubringen. Auch die Fähigkeit eines Teamleiters, das Engagement der Teammitglieder aufrechtzuerhalten, wirkt sich nicht nur auf einzelne Entscheidungsprozesse aus, sondern auch auf die langfristige Leistung des Teams. Ein hohes Maß an Engagement führt zu einer stärkeren Identifikation mit dem Team und dem Unternehmen. Dies kann sich übergreifend auch auf zukünftige Projekte und Entscheidungen positiv auswirken.

In der Praxis sehen wir häufig, dass junge Führungskräfte irritiert sind, wenn Sie ein Projektziel vorgeben und bei hohen Freiheitsgraden des Teams eine etwas andere Zielverfolgung beobachten, als sie es vielleicht erwartet hätten (s. Abb. 2). Erfahrene Führungskräfte erkennen, dass eine Abweichung von ihrem Idealbild nicht unbedingt negativ sein muss. Es ist eine *andere* Zielverfolgung, als sie es vielleicht antizipiert hätten. In der Führung führt kein Weg daran vorbei zu akzeptieren, dass Zielvorgaben in Teams unterschiedlich verfolgt werden. Und vielleicht ist es sogar auch gut so, denn die Teams stoßen in der Zielverfolgung vielleicht auf Herausforderungen, die bei grober Planung dem Teamleiter noch gar nicht bewusst waren. Somit sollte ein Teamleiter nicht nervös werden, wenn der Weg zum Ziel mit kleineren Umwegen versehen ist. Sehr wahrscheinlich waren sie nötig.

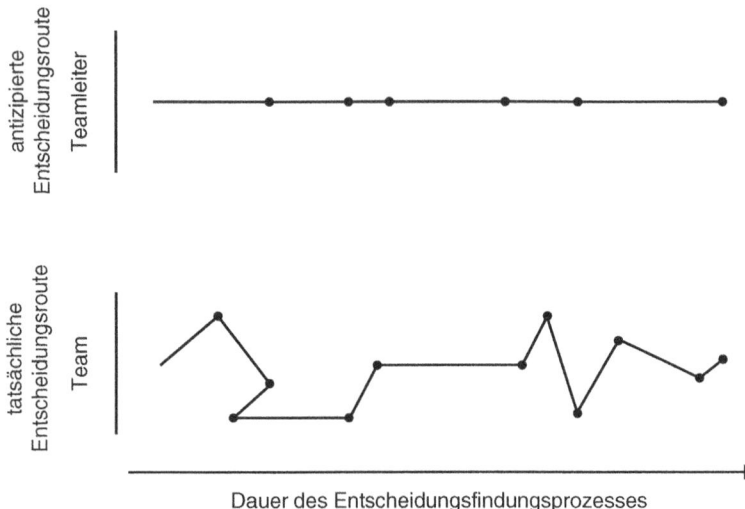

Abb. 2   Kollektiver Entscheidungsprozess ist im Team nicht linear

Wie führt man Entscheidungen erfolgreich, in denen Teams beteiligt sind?

Entscheidungen zu treffen, klingt eigentlich ganz einfach: Man listet die Optionen auf, schaut sich die Fakten an und wählt die beste aus. In der Realität ist das aber selten so einfach. Entscheidungen zu treffen, ist nun aber die wichtigste Aufgabe jeder Führungskraft – gleichzeitig auch die schwierigste und vielleicht sogar riskanteste. Schlechte Entscheidungen können sowohl dem Unternehmen als auch der Karriere schaden, manchmal sogar unwiderruflich.

Landläufig wird schnell gesagt, dass viele Köche den Brei verderben. Und es stimmt: je mehr Personengruppen oder Parteien an einer Entscheidungsfindung beteiligt sind, desto mehr Meinungen und Sichtweisen kommen zusammen, die nicht immer leicht in einer geteilten Lösung münden. Andererseits wissen wir auch, dass zur Lösung komplexer Fragestellungen viele Fachrichtungen und Expertenmeinungen nötig sind, um eine zufriedenstellende Lösung zu erarbeiten. In Entscheidungsfindungen erleben wir viele kognitive und emotionale Faktoren, die eine

Entscheidungsfindung beeinflussen. Eine erfolgreiche Führungskraft ist sich hierüber bewusst und bezieht diese in die alltägliche Teamarbeit mit ein.

Erfolgreiche Teamführung in komplexen Entscheidungssituationen erfordert nach den Überlegungen dieses Buches eine Kombination aus verschiedenen Schlüsselkomponenten, die durch Theorien der Verhaltensökonomik unterstützt werden: Riskante, kollektive Entscheidungen zu strukturieren, Teamdynamiken zu verstehen, brillant zwischen Entscheidungsparteien zu kommunizieren, Konflikte umsichtig zu entschärfen und Partizipation mit klarer Zielsetzung zu fördern sind entscheidend für den Erfolg.

Literatur

Artinger, F., Petersen, M., Gigerenzer, G., & Weibler, J. (2015). Heuristics as adaptive decision strategies in management. *Journal of Organizational Behavior, 36*(1), 33–52.

Basu, S., & Savani, K. (2017). Choosing one at a time? Presenting options simultaneously helps people make more optimal decisions than presenting options sequentially. *Organizational Behavior and Human Decision Processes, 139*, 76–91.

Bazerman, M. H., & Moore, D. A. (2012). *Judgment in managerial decision making*. Wiley.

Beshears, J., & Gino, F. (2015). Leaders as decision architects. *Harvard Business Review, 93*(5), 52–62.

Danziger, S., Levav, J., & Avnaim-Pesso, L. (2011). Extraneous factors in judicial decisions. *Proceedings of the National Academy of Sciences, 108*(17), 6889–6892.

Grossman, R., Nolan, K., Rosch, Z., Mazer, D., & Salas, E. (2022). The team cohesion-performance relationship: A meta-analysis exploring measurement approaches and the changing team landscape. *Organizational Psychology Review, 12*(2), 181–238.

Hammond, J. S., Keeney, R. L., & Raiffa, H. (2006). The hidden traps in decision making. *Harvard Business Review, 84*(1), 118–127.

Kahneman, D., Sibony, O., & Sunstein, C. R. (2021). *Noise: A flaw in human judgment*. Hachette UK.

Lattuch, F. (2024). *Führung interdisziplinärer Teams: Ergebnisorientiertes Handeln in komplexen Situationen.* Springer.

Lattuch, F., & Young, S. (2011). Young professionals perceptions toward organizational change. *Leadership and Organization Development Journal, 32*(6), 605–627.

Laux, H., & Liermann, F. (2013). *Grundlagen der Organisation: Die Steuerung von Entscheidungen als Grundproblem der Betriebswirtschaftslehre.* Springer.

Laux, H., Gillenkirch, R. M., & Schenk-Mathes, H. Y. (2018). *Entscheidungstheorie.* Springer.

Liedtka, J. (2015). Perspective: Linking design thinking with innovation outcomes through cognitive bias reduction. *Journal of Product Innovation Management, 32*(6), 925–938.

Luan, S., Reb, J., & Gigerenzer, G. (2019). Ecological rationality: Fast-and-frugal heuristics for managerial decision making under uncertainty. *Academy of Management Journal, 62*(6), 1735–1759.

Mathieu, J. E., Hollenbeck, J. R., van Knippenberg, D., & Ilgen, D. R. (2017). A century of work teams in the Journal of Applied Psychology. *Journal of Applied Psychology, 102*(3), 452.

Mueller, J. S. (2012). Why individuals in larger teams perform worse. *Organizational behavior and human decision processes, 117*(1), 111–124.

Neffe, C., Wilderom, C. P., & Lattuch, F. (2022). Emotionally intelligent top management and high family firm performance: Evidence from Germany. *European Management Journal, 40*(3), 372–383.

Neffe, C., Wilderom, C., & Lattuch, F. (2024). Family firm performance through transformational CEO leadership and familiness-related team forces. *Leadership & Organization Development Journal., 45*(6), 992–1010.

von Nitzsch, R. (2021). *Entscheidungslehre: Wie Menschen entscheiden und wie sie entscheiden sollten.* Springer.

Schaedler, L., Graf-Vlachy, L., & König, A. (2022). Strategic leadership in organizational crises: A review and research agenda. *Long Range Planning, 55*(2), 102156.

Schwarber, P. D. (2005). Leaders and the decision-making process. *Management Decision, 43*(7/8), 1086–1092.

Tannenbaum, R., & Schmidt, W. H. (1958, March/April). How to choose a leadership pattern, *Harvard Business Review,* 96.

Thaler, R. H., & Sunstein, C. R. (2021). *Nudge: The final edition.* Yale University Press.

Vroom, V. H. (2000). Leadership and the decision-making process. *Organizational Dynamics, 28*(4), 82–94.

The manufacturer's authorised representative in the EU is Springer
Nature Customer Service Centre GmbH, Europaplatz 3, 69115 Heidelberg,
Germany. If you have any concerns regarding our products, please
contact ProductSafety@springernature.com

Printed and bound by CPI Group (UK) Ltd, Croydon, CR0 4YY

24/04/2026

02096365-0003